J'ai surmonté mon handicap
COMME UN POISSON EN HAUTE MER

ISBN : 978-2-7029-2864-6

www.editions-tredaniel.com
info@guytredaniel.fr
www.facebook.com/tredaniel.bienvivre
@tredaniel_bienvivre

GUISLAINE WESTELYNCK

Présidente de la Fédération fançaise handisport
et vice-présidente du Comité paralympique et sportif français

Avec la collaboration de Roselyne Madelénat

J'ai surmonté mon handicap

COMME UN POISSON EN HAUTE MER

LE COURRIER DU LIVRE

27, rue des Grands-Augustins
75006 Paris

Sigles utilisés dans ce livre

JP : Jeux paralympiques

JO : Jeux olympiques

JOP : Jeux olympiques et paralympiques

SOMMAIRE

ANNEXES

INTRODUCTION

Guislaine Westelynck, la passion de la vie et du sport

Comme à son habitude, Guislaine Westelynck est surchargée : mille choses à faire, dix mille mots à dire, cent mille petits signaux d'encouragement à donner, et quelques agacements tout de même à montrer !

C'est qu'elle est convaincue que, pour être utile, il faut de l'efficacité, du pragmatisme et de la bonne volonté. Du courage. De l'enthousiasme. Et, surtout, « pas de posture ».

Avec son naturel, sa simplicité, son humour, elle sait faire passer les messages mieux que personne.

Elle est fringante, Guislaine Westelynck. Pas très grande, mais elle a des muscles bien fermes, que l'on perçoit sous ses vêtements ; et elle a le regard vif. Très vif. Un flash de vie mêlé d'une pointe d'accent marseillais en bordure des mots qui coulent naturellement de ses lèvres. C'est que notre présidente de la Fédération française handisport (FFH), et vice-présidente du Comité paralympique sportif français, aime parler. C'est même un sport où elle excelle.

Le sport : sa passion. Une passion qui lui a sauvé la peau. Qui a fait d'elle une résiliente. Si le mot *handicap* fait partie de son vocabulaire depuis son enfance, elle a rayé simultanément ceux reliés à *victime* ou *victimologie.* «*Le sport vous apprend à être responsable. Et ma devise est que nous ne sommes pas responsables de ce qui nous arrive, mais de ce que nous en faisons!*» Et ça, elle l'a su très vite, et a décidé tout aussi rapidement qu'elle en ferait une force. Pas question pour elle de ressembler à une plainte ambulante entre deux béquilles. Elle voulait être une enfant puis une femme comme les autres, et surtout s'intéresser à la vie, celle du quotidien – et puis à l'autre, celle où l'on se dépasse. Celle qui nous fait triomphants. Celle qui nous redresse, nous transmet la sève de vie. L'ambition. L'épanouissement. Celle qui fait de nous, à l'image de Guislaine Westelynck, des êtres accomplis.

1

Un emploi du temps marathon

« Ancienne championne de paranatation,
je ressens tout ce que ces sportifs ressentent. »

Je suis pressée, ce matin. Je pars pour Limoges, où un événement plus qu'important m'attend : le Championnat multisport (plusieurs disciplines : basket, développé couché, etc.), du 19 au 21 mai 2023. Environ 200 athlètes sont attendus pour ce week-end. Puis j'enchaîne, le week-end d'après, avec une étape de la Coupe du monde de paranatation. Il s'agit là du plus grand rendez-vous avant le Championnat du monde, qui aura lieu à partir du 31 juillet prochain à Manchester.

En France, pour la paranatation, c'est une première, une étape essentielle de la Coupe du monde, que l'on nomme aussi « *World Series* ». Une opportunité pour les nageurs de se confronter à des équipes composées de nombreux étrangers. Sans compter que cela donne l'occasion aux bénévoles d'y faire, eux aussi, leur apprentissage, de s'organiser ; bref, d'y faire leurs classes en quelque sorte. Une belle répétition avant les Jeux olympiques et paralympiques (JOP) de Paris 2024.

Je n'ai pas encore eu une seconde pour boire une goutte de café, et cette journaliste qui insiste pour obtenir un rendez-vous ! En même temps, elle fait son job, et la Fédération a besoin des médias. Mon portable vibre encore. Il m'est impossible de lui accorder une seconde, je crains de louper mon train. J'ai toujours peur de louper mes trains, de ne pas être à l'heure.

J'ai toujours détesté me mettre en avant. Oui, je suis la présidente de Handisport, mais jamais je n'oublie ce qui compte avant tout : la Fédération. Personnellement, je ne suis qu'un véhicule, un trait d'union, une tête de représentation, un point de mise en relation.

On m'objecte souvent : « Mais toi, tu as tellement montré de force, tu as eu une telle vie ! » D'accord, aujourd'hui, l'enjeu ce n'est plus moi, mais travailler pour que le sport soit accessible à toutes les personnes en situation de handicap, et devenir une clé pour chacune.

Un sport facilité, pour qu'elles puissent en avoir envie, s'entraîner, et montrer – voire améliorer, augmenter – leurs performances. Leurs formidables performances. Ils ont la foi, ces individus-là. Il ne faut pas la leur casser, mais au contraire œuvrer afin qu'elle reste accrochée à leurs tripes, à leur mental, à leur cœur. Je sais trop tout ça, je connais trop tout ça, parce que je l'ai vécu et le vis encore à travers eux. Ce lien très serré, que j'ai tissé avec eux, me permet naturellement de leur servir d'oreille, et de passerelle.

Mon chauffeur, bénévole et fidèle à la Fédération, arrive. Il m'emmène à la gare. Allez, je sais que plus rien d'autre n'aura d'importance à mes yeux que cette compétition. Ah, quand même, dès que je serai installée à ma place de train, je vais échanger avec ma fille par SMS. On ne peut pas téléphoner, dans le train. J'en profiterai pour regarder les photos qu'elle m'a envoyées de mes petits-enfants.

Compétition internationale de paranatation

Arrivée à Limoges, au centre Aquapolis, je suis toujours très bien entourée et même honorée.

Aquapolis fait toujours son effet, avec ses immenses verrières et ses puits de lumière qui plongent dans l'eau. Aujourd'hui, ils ont accentué le décorum. Un décorum de championnat. Pour des êtres exceptionnels qui ne se prennent justement pas pour des êtres exceptionnels !

Les officiels, quant à eux, surveillent les nageurs pour s'assurer qu'ils effectuent bien leurs virages dans les règles (dont celle de bien toucher le mur), que leur technique de nage est conforme aux règlements

Tout le monde semble être sur le qui-vive pour le handisport. Je constate que des élèves de CP et de CM2 ont été préparés pour ce spectacle. « Ça fait deux ans, confie une institutrice à un journal régional, que l'on travaille sur le handicap avec les enfants ! » Quand on me rapporte ces propos, j'en ai les larmes aux yeux.

Les jeunes bénévoles ont ramassé les affaires des sportifs et se sont occupés des fauteuils roulants. Les nageurs ont déjà couvert leur tête de leur bonnet, et mis leurs lunettes sur leur nez. Nous sentons leur plaisir, et je mesure leur joie : dans l'eau, nous ne sommes plus appareillés, le handicap n'existe plus. Je me souviens de cette explosion de bonheur et de douceur mêlée au plaisir de sentir mon corps sans entraves. Quand j'ai glissé pour la première fois dans la piscine d'Hyères. Pour cette raison, l'eau est vite devenue mon paradis sur terre.

Tous les regards (des sportifs, du public, de la famille, des amis, des très proches…) sont focalisés maintenant sur Miguel Angel Navarro Riofrio, qui, avec deux autres nageurs, va ouvrir la compétition. Il souffre d'une amyoplasie musculaire, entraînant la rigidité de certaines de ses articulations. Il a 19 ans. C'est un nageur qui se montre acharné pour boucler ses 100 mètres dans le meilleur temps. Il remporte la victoire. Le public le soutient, fait corps et cœur avec lui. Ce public qui veut à coup sûr encourager ce modèle. Ce modèle de résilience. Je veux aller vers lui, quand quelqu'un me retient pour me parler d'un souci ; et je vois au loin Miguel de nouveau assis sur son fauteuil roulant avec son entraîneur : ils débriefent cette course tous les deux.

L'attention se porte aussi sur deux frères, dans l'équipe de France, qui souffrent de déficience visuelle, ils ont 19 et 21 ans. À Tokyo, l'un d'eux a déjà remporté des médailles. Ces deux frérots et leur maman sont très attachants, ce sont des mordus de natation.

« L'équipe de France de natation handisport, affirme Sami El Gueddari – directeur de la compétition et coordinateur sportif de la performance chez nous – prend une place de plus en plus importante sur la scène. » Je ne peux m'empêcher d'esquisser un grand sourire, la natation, c'est mon truc ; j'ai été médaillée d'argent et de bronze aux Jeux paralympiques de Séoul en 1988 – un splendide souvenir. Un tournant. Et l'ancienne championne que je suis ressent tout ce que ces sportifs ressentent. J'ai toujours besoin de nager. Et si, toutes les semaines, je ne me glisse pas dans l'eau au moins pendant deux heures, ne serait-ce que le dimanche matin (seul jour de repos que je m'accorde), je ne suis pas bien. Tout comme moi, Sami est un ancien nageur sportif de haut niveau. Actuellement, il est cadre technique à la Fédération, en plus d'être un excellent commentateur sportif.

Repérer

En fait, il faut le faire savoir, ça : en dehors des matchs, des compétitions, des partenaires à trouver, des brassées d'encouragements à distribuer, des orientations à donner, des coordinations à guider, des collations, des rencontres, des dîners, des embrassades, nous cherchons à former des équipes. Nous souhaitons que chaque sportif se sente relié à sa « team », que chaque équipe s'implique, et aussi repérer des champions potentiels – ceux qui porteront haut nos couleurs, ceux qui feront vibrer le public, et les jeunes particulièrement. Ceux-là mêmes qui creuseront leur sillon et transmettront l'envie – la leur, la nôtre – et toutes les valeurs qui s'y rattachent. Ceux qui se diront, et se disent déjà, qu'ils ne perdent jamais, peu importe la médaille…

Des encouragements, je n'en ai pas manqué ; et, quand j'ai glissé dans l'eau, je me suis trouvée. J'avais été plâtrée de la poitrine aux pieds pendant deux ans, ce plâtre qui m'avait fait vivre sur un chariot plat. Quand mes os furent enfin consolidés, j'ai eu droit à mon fauteuil roulant, que j'attendais d'ailleurs avec impatience. Puis, vers 14-15 ans, j'ai été appareillée. À ce moment-là, j'ai pu aller en piscine. Il ne faut pas croire que j'étais déjà une nageuse chevronnée, loin de là ; je ne connaissais que les rudiments de la nage, qui me permettaient de barboter.

Glisser dans l'eau, c'est comme voler

Quand nous sommes appareillés, notre appareillage nous est retiré, pour aller dans l'eau.

Être dans l'eau, j'imagine que c'est comme être dans les nuages. Notre corps mal foutu, couvert de cicatrices, ne se voit plus. Mais là n'est pas l'essentiel : dans l'eau, nous devenons des poissons qui s'y propulsent rapidement, ou des oiseaux qui volent dans le ciel acrobatiquement.

Dans l'eau de la piscine, nous oublions le regard des autres, nos corps deviennent légers, sans douleurs. Nous sommes libres, requinqués, maîtres de notre autonomie…

Lors du premier entraînement, j'ai senti tout cela – confusément, mais je l'ai senti, éprouvé. Tout à coup, ce « truc » – nager, m'entraîner – m'attirait, me séduisait, me prenait. J'ai compris que ce sport serait salvateur, et j'ai attendu, de pied mouillé mais ferme, les heures de l'entraînement. J'étais au seuil de ce que j'ignorais mais qui allait changer ma vie : le goût de la prouesse et du dépassement.

La révélation

Le rôle des cadres et entraîneurs de la Fédération handisport est de chercher et de remarquer, avec d'autres spécialistes en la matière, les personnes qui possèdent un potentiel pour faire du sport un parcours important de leur vie. En somme, les futurs champions ou, en tout cas, ceux qui sont faits pour la compétition et qui souhaitent en faire. Et là, nous devons faire attention. Si je m'appuie sur mon propre exemple, contrairement à ce que l'on peut penser, je n'avais pas l'âme compétitrice, au départ. Elle s'est révélée plus tard, surgissant alors avec une force quasi volcanique. Un jour, lors d'une compétition à Roanne, j'ai regardé avec une certaine curiosité et tranquillité celles et ceux qui nageaient pour remporter la victoire, et qui en avaient drôlement envie. Tout à coup, j'ai ressenti comme un shoot de confiance en moi, et je me suis dit : « *Je vais les battre, mais je vais les battre !* » Il y avait de quoi rigoler ! Qu'est-ce qui me prenait ?…

Eh bien, je les ai battues ! J'ai remporté la victoire ! Dans le bus qui nous ramenait au centre de rééducation, je me souviens que mes copines ne cessaient de râler ; je ne savais pas pourquoi et je m'en moquais bien ! J'avais gagné, et j'étais sur mon petit nuage…

À partir de ce moment, mon âme de compétitrice s'est révélée et ne m'a plus jamais quittée.

Pour cette raison, je pense vraiment qu'il faut éviter les a priori venant de soi-même (« Je n'y arriverai jamais », « Ce n'est pas moi, ça », etc.) et ceux des autres (« Il/elle n'a pas l'air vraiment destiné(e) à ça ! »). Je ne donnerai qu'un conseil : essayer non pas de voir clair en soi (les futurs petits champions sont très jeunes), mais tenter de sentir si on y prend plaisir, si, au fond de soi, on sent la pulsion d'aller plus loin.

J'étais loin d'imaginer tout cela, à l'aube de mes 8-9 ans. Comme de nombreux enfants, je pense, je ne me posais pas trop de questions. Mon enfance n'était peut-être pas ouateuse, mais rassurante, et j'avais ma mère…

Reconnaître les enfants doués

Les enfants qui ont un don pour la natation ont souvent un attrait naturel pour l'eau. Encore que j'en aie connu avec une réelle peur de l'eau se familiariser progressivement avec elle, sans que personne ne les force à y entrer. Voir les autres enfants s'amuser, se déplacer avec aisance, a un effet incitateur. Rien n'est jamais définitif. Toutefois, on peut détecter un don pour la natation quand l'enfant, après un apprentissage pas forcément très long, se déplace avec ce que l'on appelle, dans notre jargon, une « réelle glisse ». L'enfant ne se bat pas avec l'eau, il avance sans éclaboussements. Il ne fait qu'un avec l'eau. Là, on peut dire qu'il est doué. Il faudra juste lui donner le temps de développer ses compétences.

2

Une enfance confiante

« Quand un enfant a une mère qui l'aime d'un amour inconditionnel, ça l'aide pour toujours. »

J'étais une petite fille sage. Ma mère, Dolly, parisienne de naissance, comme toute une grande partie de la famille, était descendue à Marseille pour aider son cousin qui tenait une parfumerie. Elle a travaillé avec lui, puis elle a ouvert son propre magasin. Quand on a une mère dans une boutique (qui plus est de parfums !), on y passe sa vie. C'était le cas de maman, et c'était le mien ! D'abord, j'aimais ma mère. Très fort. Et elle, elle m'aimait d'un amour inconditionnel. Ça m'a aidée, et ça aide toujours. C'est le cas pour tous les enfants. La confiance se crée là.

Sur les étagères, j'admirais les flacons (maman ne travaillait qu'avec de grandes marques), et je me faisais un nez avec les fragrances. Surtout, j'aimais lire. Non, je n'aimais pas…, j'adorais. Et non seulement j'adorais la lecture, mais j'aimais le livre en tant que bel objet à regarder, à toucher, à caresser, à palper, à renifler… Par conséquent, je ne supportais pas du tout qu'un livre soit abîmé, corné, sali ; bref, les livres étaient mes objets de dévotion. Dans la rue très commerçante dans laquelle ma mère était installée, à La Plaine, il y avait une librairie où elle faisait ses emplettes pour me faire plaisir. Le libraire connaissait ma prédilection et, chaque fois que maman lui achetait un livre, il m'en prêtait un autre, sachant très bien qu'une fois dévoré je le lui rendrais à l'état neuf. Ce petit jeu a duré longtemps et m'a permis d'assouvir ce goût de la lecture qui ne s'est jamais tari. De plus, cette soif de lire nous rapprochait encore, ma mère et moi. Elle n'avait pas poursuivi d'études mais était très cultivée : elle avait tout appris à travers les livres. À l'heure actuelle, quand j'entends le mot *retraite*, je me sens mal à l'aise. C'est un mot difficile pour moi, mais je me dis qu'au moins je me remettrai à lire, car vraiment je manque de temps.

J'avais bien une copine, mais elle préférait être en bande ; pas moi. J'avais des activités tout en n'étant pas une hyperactive, ce que je suis devenue – un comble !

En fait, j'étais une petite fille heureuse. Même si, avec mon père, « ce n'était pas ça » ; et que, pour lui, être père, « ce n'était pas ça non plus ».

Il était joaillier, mais il n'avait pas son magasin (faut avoir de l'argent pour en tenir un !). En revanche, je crois qu'il aimait son métier, puisqu'il avait un établi à la maison sur lequel il travaillait le dimanche.

Cela dit, l'ambiance chez nous n'était pas apaisée : mes parents ne s'entendaient pas, n'avaient rien en commun et passaient beaucoup de temps à se disputer. De nombreux enfants sont tristes quand leurs parents se séparent ; moi, j'ai été soulagée. Je dois avouer aussi qu'autant le lien avec ma mère était serré, autant celui avec mon père était lâche. Je peux même avancer que je me sentais relativement indifférente à son endroit. Plus tard, bien plus tard, quand j'ai appris son décès – cela faisait très longtemps que nous avions perdu contact –, ce sentiment s'est confirmé : je n'ai pas été bouleversée. Ma vie ne l'avait pas bouleversé non plus.

3

Le jour où…

« Ton corps sait parfaitement ce que tu as. »

Nous n'en sommes pas là, et je retourne à mes 9 ans. Au 12 novembre 1968, exactement. L'heure ? Celle de la cantine. Dans la cour, je me prends les jambes dans celles d'un garçon derrière moi, et je tombe. Je sens que je suis amochée. La figure me démange. Je dois avoir des égratignures, et ma lèvre est ouverte. Un fait. Une réalité : je n'ai pas le courage de me relever, ou plutôt je n'y parviens pas. J'ai mal. Je souffre vraiment. On me transporte à l'infirmerie, on appelle les pompiers ; et, en attendant l'arrivée des secours, une institutrice connaissant ma mère court la prévenir, tandis qu'une autre personne avertit mon père. De toute façon, mes parents sont arrivés ensemble.

J'étais rassurée et, malgré mes 9 ans, je me suis inquiétée comme une enfant de cet âge peut s'inquiéter, car je constatais quelque chose d'étrange, que je constaterai plus d'une fois : tout mon corps s'était mis à trembler. Et il tremblera chaque fois que… je me casserai quelque chose.

Ton corps sait parfaitement ce que tu as. Il est au courant, il mesure instantanément tes blessures, dans quel état tu es. Il a peur, il a froid, il est un peu perdu aussi. Il est conscient de ta fatigue, de l'énergie que tu déploies pour tenter de surmonter le choc qui vient de te percuter. Il se contracte, vrille, se vide, se rétrécit. J'ai su, par la suite, que ce sont les muscles qui surstimulent leurs terminaisons nerveuses entraînant ces tremblements. Il fait ce qu'il peut, ton corps, mais il veut que tu tiennes.

Lorsque les pompiers sont arrivés, ils ont voulu m'allonger sur une civière. J'ai refusé obstinément. Ça m'inquiétait sans doute davantage, le coup de la civière ; et sûrement que je ne voulais pas affoler mes parents. Les enfants ont tendance à vouloir protéger leurs parents, ils inversent les rôles. En tout cas, les pompiers, à force de patience, ont réussi à me convaincre de m'allonger. Une « tata » (c'est ainsi que nous nommions les dames de la cantine) s'est approchée de moi et m'a parlé à l'oreille : « Bon, écoute, ne crains rien. On est mardi. Vendredi, on se revoit à la cantine. » Je ne suis jamais retournée à l'école.

En revanche, j'ai fait mon entrée à l'hôpital de la Conception. Pour longtemps.

Premier séjour à l'hôpital

Lorsque je suis arrivée à l'hôpital de la Conception, ils n'ont pas voulu m'opérer. « La petite, elle fait de la danse, elle va être embêtée, il y aura une cicatrice. » Le mode de réparation choisi ne me convenait pas vraiment, mais je n'avais pas mon mot à dire : mise en extension de la jambe et du pied orné de poids… Je dis ça pour faire joli…, mais ce n'était pas drôle, la douleur pouvait encore se faire vive, et on m'administrait de fichues piqûres d'antibiotiques qui me faisaient très mal.

Cela dit, de ces trois premiers jours qui ont suivi mon entrée à la Conception, je ne me souviens de rien. De rien du tout. Avais-je été transportée dans le cosmos ? Peut-être. Il est un fait que ma mémoire n'a pas souhaité garder une trace de ces mauvais moments. Au bout de ces trois journées, j'ai fini par émerger, quoique dans le coton à me demander ce qui pouvait bien m'être arrivé. Lorsqu'une infirmière a voulu me faire ma toilette et a réveillé des douleurs, un déclic s'est produit : j'ai bougonné, j'ai râlé, et bien entendu l'infirmière m'a disputée ; on ne faisait pas beaucoup dans la psychologie, à l'époque. « Tu ne vas pas te mettre à jouer les martyrs ! » m'a-t-elle lancé. Ces paroles m'ont révoltée, et j'ai été réveillée pour le reste du séjour dans cet hôpital !

En fait, j'avais atterri dans le service enfants. Nous dormions et vivions dans des salles qui regroupaient quarante à cinquante gamins, tous malades ou accidentés bien évidemment, avec des maladies et des gravités différentes. J'y ai appris à aiguiser mon regard, à savoir que les autres existaient. À me blinder aussi. Généralement, les enfants séjournaient à l'hôpital deux à trois mois ; bien sûr, certains plus brièvement, mais nous n'étions que deux ou trois dans mon cas à rester – à rester vraiment, je veux dire. Notre maison était devenue l'hôpital. Personnellement, cela a duré un an. Instinctivement, je sentais qu'il ne fallait pas m'attacher à mon entourage du moment. Les copines malades, c'étaient des compagnes de route, pas vraiment des ports d'attache ; il y avait trop de mouvements, de passages, d'allées et venues pour me fixer. Et moi, j'avais mon soleil qui venait briller à mes côtés : ma maman ! Sitôt midi, elle fermait la parfumerie jusqu'à 14 heures, et elle courait à la Conception pour m'embrasser, me parler, coudre à petits points notre lien, me raconter le monde et me dire que le monde à côté de moi n'avait guère d'importance. En quelque sorte, j'étais la reine, la sienne en tout cas – et cela me suffisait amplement.

Ma mère, mon soleil

Enfin, pour elle, tout cela était galère, je ne dois pas le nier, je m'en suis rendu compte plus tard. Entre la boutique, mon père, les allers-retours à l'hôpital, elle devait être fatiguée ; elle se faisait un devoir de ne pas me le montrer. Je mesure aujourd'hui la somme d'efforts qu'elle a dû faire. Pour avoir eu deux enfants, je sais à quel point une mère, surtout à l'époque où le père ne participait pratiquement pas à l'éducation des enfants, et encore moins aux tâches ménagères, effectue un travail d'équilibriste. Elle prend sur elle, elle se charge, elle accueille, elle protège, elle est là, fenêtre ouverte sur la tendresse et, en ce qui me concerne, sur l'espoir.

Néanmoins, ma mère était touchée par les autres enfants malades. Elle s'y arrêtait, leur adressait quelques mots réconfortants, et puis, vite, revenait près de moi. Toujours souriante, elle me rassurait : « Tu sais, ma chérie, dis-toi que tu n'as rien, tu n'as rien à côté des autres. Par exemple, la petite fille qui à cause de sa tumeur au cerveau a perdu la vue ; pour elle, c'est vraiment dur, inutile de te faire un dessin. »

Nous avions aussi été choquées par une autre petite qui avait avalé de la soude caustique et qui en était morte. Bref, des cas, nous en avons vu. Elle les aidait comme elle pouvait, les gosses, tout en me donnant des leçons de vie, des angles de vue différents. Elle osait regarder la réalité en face tout en me sauvegardant. Elle savait jouer à la fée par sa seule baguette magique de l'amour qu'elle me portait, et par la douce bienveillance qu'elle avait envers les autres enfants.

En même temps, pourquoi le nier, il y avait quelque chose d'égoïste chez ma mère. Cela peut paraître surprenant d'écrire ces mots ou de découvrir ces mots sur ma mère, et pourtant c'est la vérité. Elle avait une détermination dont j'ai d'ailleurs hérité : celle de ne jamais se laisser polluer le cerveau. Elle répétait souvent que nous devions aimer les autres tout en sachant garder nos distances. Qu'on ne pouvait pas passer son temps à se faire de la bile pour les gens qui d'ailleurs ne s'en font pas trop pour nous. Quand elle me sortait ce genre d'arguments, je me taisais. Elle me surprenait trop, je sentais à travers ses paroles que quelque chose la dépassait : Dolly sauvait sa peau.

Dolly était la deuxième d'une fratrie de cinq enfants. De quoi fatiguer sa propre mère, qui n'était pas du genre à consulter le médecin pour un oui ou pour un non. « La nature fait bien les choses ! » répétait-elle d'un ton convaincu. Sans doute, au fond de son âme et de son corps, la nature ne voyait-elle pas tout à fait les choses comme elle... Elle était forte mais impuissante face à certains événements ; la guerre et sa violence ont eu raison de ma grand-mère... Dolly ne s'est pas épanchée sur la question. Et moi, trop jeune, trop protégée, trop égocentrée à mon âge, je n'ai pas posé de questions. Après, le temps est passé, les interrogations n'étaient plus de mise. Je le regrette un peu aujourd'hui. J'ai souvent entendu des amis regretter la même chose : n'avoir pas assez posé de questions à leurs parents ou grands-parents. Et, quand on me demande si ça ne me fait pas bizarre de ne pas avoir connu ces derniers, j'ai toujours la même réponse : non. Ressentons-nous des regrets, de la nostalgie pour des êtres que nous n'avons pas connus, ou des événements que nous n'avons pas vécus ?

Dolly, qui avait énormément aidé sa mère à élever ses quatre autres frères et sœurs, a continué à le faire, mais toute seule cette fois. Elle avait 15 ans. La Seconde Guerre mondiale faisait rage. Pendant cette sale période, ma mère a appris à se protéger, de tout : des paroles à la diable, des regards soupçonneux, des gestes, des rumeurs. Elle a compris la nécessité du recul, des limites à marquer, du besoin d'être soi avant tout sinon on ne s'en sort pas. Elle refusait de patauger dans une mare d'eau glauque, elle ne voulait que la transparence, elle qui savait bien garder des secrets. Au fur et à mesure, elle a concocté sa recette d'égoïsme, ce genre de recette qui ne se transmet pas vraiment, qu'on n'écrit pas dans les cahiers ni dans les correspondances, mais dont on devine les couleurs et les ingrédients. Inutile d'expliquer. Sur ce point, j'ai pris d'elle, et ma fille a pris de moi : le transgénérationnel se transmet toujours, même masqué.

4

L'école à l'hôpital

À 9 ans, malade ou non, il y a une institution, une contrainte incontournable : l'école. Or je n'ai jamais été fan de l'école, je m'y ennuyais ; et à l'hôpital les choses ont empiré. Il faut dire que le tableau que je vais décrire peut paraître étrange. Imaginez des enfants allongés dans leur lit, branchés à des appareils de toutes sortes, et aux côtés desquels l'institutrice dépêchée pour cette occasion passait avec son petit chariot et s'arrêtait quelques instants à chaque malade pour commenter son devoir ou son dessin. Nous n'y étions pas, le cadre manquait, le sérieux aussi, c'était du survol. Du moins est-ce mon avis. Cela avait le mérite d'exister, mais, pour ma part, je ne sentais pas d'engagement, je ne voyais pas l'ombre d'un effort possible, et afin de cacher mon état d'esprit, autant que mon retard sans doute, je faisais semblant de dormir, la plupart du temps… C'était sans compter sur mes résultats scolaires qui confirmèrent ma tendance à l'absence quasi totale de motivation. Je m'en moquais, ma mère aussi, ce qui évidemment n'arrangeait rien. En fait, je m'étais organisé un emploi du temps parfait, en dehors de certains soins qui s'avéraient obligatoires et désagréables : je passais des heures à lire, à attendre ma mère ou à discuter avec les autres enfants, sans que ces conversations devinssent chronophages.

5

Drôles de vacances

Me sentais-je en perpétuelles vacances ? Sans aucun doute. D'autant plus que l'été arrivait (nous étions en juin). Et bonne nouvelle : j'avais récupéré ! Je sortis de la Conception ; on me disait guérie ! De vacances, mes parents en avaient drôlement envie et besoin, j'en avais conscience. Je me suis retrouvée avec eux en Bretagne, chez une de mes tantes, la sœur de ma mère, et ses enfants (mes cousins, cousines) dans la presqu'île de Rhuys. Pour aller de Marseille en Bretagne, à l'époque, il fallait compter pas mal d'heures ! Qu'importe, j'étais redevenue « normale » ! Je faisais connaissance avec un autre bleu du ciel, marié au gris et souvent accompagné d'un crachin troué tout à coup par un soleil cuisant. Les vagues étaient fortes, le vent pouvait se mettre à souffler. Ce qui me surprit. Je n'étais pas insensible aux petits villages tout blancs, aux coiffes hautes, en dentelle, des vieilles Bretonnes vêtues de robes noires, aux fest-noz où pour la première fois j'ai goûté au kouign-amann, bercée par le son des cornemuses. Je n'ai pas eu le temps de humer l'air plus que ça, ni d'écouter à nouveau les cornemuses, je suis tombée sur le sable et sur les fesses, me faisant très mal. Je n'ai jamais su si l'os réparé avait lâché ou si je l'avais recassé dans ma chute, il n'empêche que j'ai été rapatriée en ambulance à Marseille. Je trouvai ce retour plutôt insolite, et même amusant. Apparemment, Dolly ne partageait pas mes sentiments…

6

La bascule

« Ses os ne se consolident pas, voilà où est le souci. »

L'arrivée à Marseille a pris tout de suite la direction de l'hôpital de la Conception, dans la mesure où il m'était impossible de monter les quatre étages qui menaient à l'appartement de mes parents.

Tout le monde faisait grise mine. Je perçus la tension qui régnait. Je n'avais pas tort, car, cette fois, au bout d'un mois, le praticien que je retrouvais presque amicalement décida de m'opérer. Un cap avait été franchi, dont les contours étaient longtemps demeurés flous et dont, pourtant, je sentais la frontière.

Souvent, nous nous apercevons qu'un jour tout a basculé dans notre vie. Personnellement, cela m'est arrivé à 9 ans, c'est tôt. Tôt pour se casser le col du fémur et ne pas s'en remettre.

— Il y a un problème, Docteur ?

— Oui et non. Ses os ne se consolident pas, voilà où est le souci.

— Et vous croyez que ça va durer longtemps ?

— La médecine n'est pas vraiment une science exacte, ça dépend des malades. Votre enfant est toute jeune, ce n'est pas de chance, elle a les os fragiles ! Il faut attendre, nous verrons bien.

Le grand professeur auquel mes parents faisaient entièrement confiance concluait toujours la conversation avec les mêmes mots. Question de milieu. Dans nombre de familles, et particulièrement chez les classes moyennes – surtout à l'époque –, on faisait confiance, on donnait sa confiance, on l'offrait même, surtout si on avait en face de soi un praticien issu d'une grande famille marseillaise, couvert de diplômes, et dont la réputation n'était plus à faire.

Mes parents ont donc attendu, sans trop se poser de questions, que la médecine sache, les renseigne et améliore la situation jusqu'à ma guérison. D'autres familles auraient consulté un médecin différent, pour obtenir un autre avis. Pas mes parents, pour qui « professeur de médecine » signifiait quelque chose !

Pourtant, je ne me portais pas comme un charme. J'avais beau être déjà un petit soldat prêt au combat, je sentais que la maladie poursuivait son invasion. Même si les médecins ne faisaient toujours pas – ou pas encore – l'association avec une maladie qui sonnera bientôt aux oreilles des soignants, de mon entourage, et des miennes bien sûr.

Le diagnostic avait mis du temps à tomber, mais il était tombé : je souffrais d'une *maladie s'apparentant à l'ostéogénèse*, d'origine plutôt héréditaire quoique aucun membre de ma famille n'en ait déjà montré le moindre signe. En tout cas, cela entraînait une fragilité anormale des os. Ce n'était pas top, à 9 ans. Même si je devinais, je sentais, que quelque chose n'allait pas dans mon corps, j'étais très loin de comprendre la maladie et ses enjeux. Et, heureusement, ma force de vie allait faire son œuvre.

Je devais être habitée d'un sacré optimisme… D'abord, j'étais si jeune que je ne me rendais pas compte des conséquences que ce mal entraînait et entraînerait. Je me disais déjà – c'est fou quand j'y pense, puisque je me le dis encore : *« D'accord, c'est une maladie qui s'apparente à celle, en gros, des os de verre, mais enfin je ne me casse pas une côte en toussant ! »* En revanche, je ne peux le nier, la cassure du fémur à l'âge de 9 ans a été suivie de quinze opérations, pour que les os finissent par se consolider !

Notre mémoire a tendance à effacer les traces douloureuses que nous avons ressenties dans notre organisme. Pourtant, je me rappelle quelques réveils pénibles que je traversai comme j'aurais traversé un tunnel obscur, parce que je savais que la lumière jaillirait au bout, avec le sourire de ma mère et ma foi, inconsciente alors, en la vie.

Tout cela s'est inscrit, bien sûr, au fil du temps.

Quand on est malade – jeune ou plus âgé –, le temps s'inscrit autrement dans notre cerveau ; et il est étrange de penser qu'il me fallait compter sur lui et sa lenteur alors que, quelques années plus tard, championne de natation, le temps me serait compté au dixième de seconde près, et que toutes mes fonctions seraient toujours tendues entre prendre le temps et le compter en accéléré. Ça fait partie de l'humour de la vie, certainement.

7

Droit devant!

« Le handicap ne peut empêcher le sport, au contraire... »

Championnats du monde d'athlétisme

Juin 2023. L'atmosphère est à l'effervescence : du 8 au 18 juillet se dérouleront les Championnats du monde d'athlétisme, sous l'égide de l'instance internationale World Para Athletics, et confiés à la Fédération française handisport – événement majeur dans le calendrier sportif paralympique.

Ce Championnat du monde de para athlétisme est le second événement après les Jeux olympiques et paralympiques (JOP) le plus attendu par les compétiteurs, le ministère des Sports, et nous, organisateurs.

D'ailleurs, lorsque nous avions été reçus au Palais de l'Élysée, au retour des Jeux paralympiques de Tokyo, Emmanuel Macron nous a tenu un discours avenant mais sérieux : « Il faut décrocher des médailles, montrer que nous sommes puissamment structurés, et que la France est une nation sportive. »

Voici une anecdote à l'occasion d'une autre réception à l'Élysée : je m'étais assise tout naturellement au fond de la salle et, comme d'habitude, je m'étais faite toute petite pour que l'on m'oubliât; mais on était venu me chercher pour me mettre au premier rang et figurer sur la photo avec Emmanuel Macron. J'ai ri en moi-même, car j'ai appelé mon collaborateur – qui, comme moi, n'appréciait pas trop ce genre de représentation – pour qu'il vienne me rejoindre, alors qu'il se sentait soulagé de rester dans l'ombre… Nous avons tissé une belle complicité entre nous. L'esprit sportif nous tient, et nous rions de nous-mêmes quand nous évoquons quelques moments pénibles.

L'une des tâches auxquelles je contribue – mais surtout le directeur technique national, bien sûr – est donc de préparer les athlètes. Pour les Jeux paralympiques, nous compterons 4 000 athlètes; pour le championnat de juillet 2023 que je viens d'évoquer, nous en attendons 1 600, venant de 120 pays. À ces équipes se joint tout un staff, composé notamment des accompagnateurs, des entraîneurs, de l'assistance, des juges officiels, des bénévoles, des familles; sans oublier la bonne soixantaine de minibus pour nos sportifs handicapés, et j'en passe!

Je suis épaulée par un directeur marketing ambitieux et audacieux. Pour attirer davantage de public, il a eu une très bonne idée: monter des scènes musicales chaque jour entre 17 heures et 17 h 30. Des noms reconnus sont ainsi programmés: Amel Bent le 13 juillet, Yannick Noah le 14, Sala Aissé le 15, et bien d'autres. Et, pour éviter que les athlètes souffrent de la canicule, les compétitions auront lieu le matin entre 9 et 12 heures, puis de 18 h 30 à 21 heures. Le tout rythmé par des cérémonies de remise de médailles.

Nous faisons venir également les collaborateurs de nos nombreux et fidèles partenaires, pour leur montrer à quoi nous employons leur argent et à quel point ils ont raison de nous faire confiance.

Quant au public, tout un village est en train de se monter dans les coursives du stade Charlety où ont lieu ces championnats, avec au programme de nombreuses animations, notamment pour les enfants, et une possibilité qui va enchanter tout le monde : échanger avec les athlètes !

Et moi, je coordonne tout ça. Je suis dans le jus, comme on dit. Et en même temps quelle joie partagée malgré tout ce travail, toutes ces pressions, et en premier celles de la ministre Amélie Oudéa-Castéra. C'est une femme remarquable, qui connaît bien le sport, énarque par ailleurs, et nous le sentons… Les résultats, elle veut des résultats ! Il est vrai que les organisateurs chinois ont décroché un maximum de médailles quand les JOP se sont passés chez eux, idem chez les Britanniques !

C'est que ces championnats, hormis leur popularité, sont une étape essentielle avant les JO 2024 à Paris, suivis par les JP. Pour les sportifs eux-mêmes, munis d'une volonté puissante pour entraîner autant leur corps que leur esprit. Notre sélection est donc cruciale, tout autant que déchirante dans certains cas, puisque ceux qui décrocheront des médailles aux championnats d'athlétisme de juillet 2023 seront automatiquement sélectionnés pour les JP 2024 à Paris.

Nous sommes obligés de regarder, d'abord et avant tout, la performance de chacun ; il nous est impossible de passer à côté de la réussite. Ainsi, dans certaines disciplines, la sélection est drastique, car il y a un nombre de places limité à l'avance de champions potentiels, mais, en vérité, il y a plus de champions potentiels que la règle le veut. Cette situation me fend le cœur, car refuser un excellent sportif fait partie du jeu mais fait mal. Nous sommes tous tendus. Il nous faut savoir doser la pression, même si nous ne sommes pas non plus chez eux ni dans leur tête, quand ils vivent et qu'ils ont besoin de briller au cœur de leurs familles. Pour cette raison, parmi beaucoup d'autres, nous aimons – et moi spécialement – rencontrer les proches. J'ai toujours un peu de mal, car je souffre de prosopagnosie, comme Thierry Lhermitte ou Brad Pitt (quelles références !) : une maladie qui empêche de reconnaître les visages, entraînant une certaine gêne, par exemple pour comprendre immédiatement un film, créant, parfois, des quiproquos hilarants.

Après la performance (notre premier critère de sélection), nous prêtons attention au comportement, à l'esprit sportif, à l'investissement personnel. Néanmoins, la sélection finale appartient au Comité paralympique sportif français (CPSF) ; c'est son rôle de constituer, sélectionner et accompagner l'équipe de France aux Jeux.

Nous sommes également vigilants en matière de dopage, mais nous dépendons de l'Association française de lutte contre le dopage, qui est une autorité administrative indépendante créée en 2006, chargée de définir et de mettre en œuvre les actions de lutte contre le dopage sur le territoire national. L'AFLD a donc un pouvoir de contrôle. Ces contrôles – la plupart du temps inopinés – peuvent avoir lieu n'importe où, quel que soit l'endroit où se trouvent les sportifs, chez eux, à l'entraînement. Si, au bout de trois fois, le sportif déroge à ses obligations (*no-show*), il risque la suspension temporaire, voire définitive – le niveau de la ou des compétitions n'entrant pas en considération. Outre le contrôle, l'AFLD a un pouvoir de sanction, et c'est toujours compliqué pour une fédération de recevoir une décision de suspension d'un sportif.

Je suis totalement enthousiasmée par toutes ces compétitions préparant aux Jeux. Toutefois, je regrette un peu qu'énormément d'argent soit destiné à la performance, et surtout aux Jeux, alors que ce qui m'attache le plus – à savoir le développement du sport – est encore trop confidentiel dans cet univers ; non pas oublié, mais mis de côté pour le moment. Mais l'enjeu est de taille, et nous devons réussir.

Le handicap ne peut empêcher le sport. Au contraire, par le dépassement de soi, ceux qui le veulent et le peuvent sont capables de faire de ce point obscur de leur vie une lumière pour eux-mêmes, pour leurs proches et pour les autres. Sans en être toujours conscients, ils deviennent des modèles, des références plus qu'utiles, et rejoignent, par là, l'esprit du baron Pierre de Coubertin, qui a tant œuvré pour les JO, avec cette devise : « *Citius, altius, fortius* » (Plus vite, plus haut, plus fort) !

Plus et moins

Les résultats du Championnat du monde de para athlétisme ne sont pas exceptionnels mais attendus. Les coachs m'ont prévenue : « Guislaine, ne t'attends pas à des miracles. Nous sommes en pleine restructuration, et nous avons emmené beaucoup de jeunes pour qui c'est la première grande compétition. » Mais j'ai confiance pour les Jeux, le directeur de la discipline m'a rassurée.

L'organisation de cet événement a été une vraie réussite. Nous avons été félicités par les pouvoirs publics, les partenaires, les officiels, et surtout par les bénévoles – 1 500 étaient présents, arborant un sourire qui ne les a pas quittés durant les dix jours de la compétition. Quelle fierté !

Retrouvailles avec soi

La Fédération française handisport possède aussi une résidence hôtelière de 120 chambres, que je gère également, avec l'aide de bénévoles experts en la matière. Habitant porte de Montreuil, je bénéficie de l'une d'entre elles, où je me repose, où j'essaie de reprendre mon souffle après ces journées exténuantes (même si elles sont excitantes), où je me retrouve, moi, la petite Guislaine, toujours confiante en la vie. Au fond, l'existence ressemble au sport : il y a toujours quelque chose d'aléatoire.

8

Pomponiana, ma nouvelle vie !

« Ici, on s'aime. »

Comme je l'ai raconté plus haut dans le chapitre « Drôles de vacances », après cette deuxième fracture, alors que mes parents m'avaient emmenée en vacances en Bretagne pensant que j'étais totalement rétablie, j'ai eu la « chance » de traverser toute la France en ambulance, de l'hôpital de Vannes en Bretagne à l'hôpital de la Conception à Marseille.

Cette fois-ci, le chirurgien a décidé de m'opérer. Trois semaines plus tard, j'étais transférée dans un centre de rééducation à Hyères : Pomponiana, nommé aujourd'hui « Centre de rééducation fonctionnelle pour les incapacités et handicaps ». Je ne pouvais pas deviner que j'ouvrais la porte de ma nouvelle résidence, de ma nouvelle vie – pour un bon bout de temps. J'y suis arrivée plâtrée de la poitrine aux pieds. On m'a installée sur un chariot plat baptisé « un Berck ». À partir de cette minute, tout a changé !

Chaleur amicale

En arrivant à « Pompon », en moins d'une heure j'ai fait la connaissance de ma nouvelle famille qui m'accueillit bras et cœur ouverts. C'était une famille très nombreuse, qui m'entoura dans la minute ; ce qui me ravit.

Tout de suite, filles et garçons – mes compagnes et compagnons d'infortune qui, je l'ai senti tout de suite, ne se considéraient pas comme tels – me posèrent des questions (« T'es dans quelle classe ? Oh, chouette, tu es avec moi ! ») et me rassurèrent (« Tu verras, ici, on rigole bien ! »). Ils avaient oublié de me glisser à l'oreille : « Ici, on s'aime. » Et pourtant, c'est ce que j'ai éprouvé pendant presque dix ans.

Cette famille-là serait toujours fondamentale. Je ne savais pas encore qu'elle me construirait et ferait partie de ma résilience tout autant que mes médailles remportées lors des championnats de natation. Elle fait toujours partie de ma vie. En tout cas, immédiatement, je me suis dit : *« Voici ta nouvelle vie ! »*

D'autre part, lorsque j'étais allongée sur le ventre, je pouvais me déplacer en poussant les roues du chariot. J'y trouvais une certaine autonomie, et, bien souvent, cela ne m'a pas empêchée d'éclater de rire.

Les contraintes

Je devais compter tout de même quatre points noirs.

Le premier : j'étais allongée sur un Berck, et j'ignorais alors que cette situation se prolongerait pendant deux ans. Ce n'était pas ce qui me gênait le plus, car, en fait, j'étais habile, sacrément débrouillarde et je réussissais, avec mes bras et les roues du chariot, à me déplacer rapidement là où je le voulais, avec beaucoup d'entrain et de rires, je le répète, parce que ce n'était pas une légende, au cœur de cette bande de cabossés, les fous rires fusaient sans arrêt. La thérapie par le rire ? Peut-être. En tout cas, une sacrée puissance de vie !

Le deuxième était l'école, encore et toujours, incontournable et pénible pour moi. Que ce soit à la Conception ou à Pomponiana, je crois tout simplement, pour avoir ensuite poursuivi des études ou réussi des concours, que leurs méthodes ne convenaient pas à des enfants ou adolescents dans mon style.

Le troisième se focalisait sur l'été, cette longue période de vacances où j'ai connu l'ennui et la solitude (à l'époque, la pause estivale scolaire durait plus de deux mois). J'y reviendrai, car il m'en reste un mauvais goût à l'âme, comme un passé qui ne passe pas.

Le quatrième (et c'était là où le bât blessait le plus) : l'établissement était tenu par des religieuses. Pour la plupart sèches, hargneuses, insensibles, rigides, hors sol, pas du tout psychologues, telles que des écrivains ou des cinéastes ont d'ailleurs pu les décrire dans leurs œuvres. C'était incroyable, caricatural mais vrai !

Par exemple, j'avais 9 ans quand je suis arrivée à Pomponiana. Et, bien sûr, bouleversée d'être séparée des miens, poussée dans un univers inconnu, tout le corps déjà plâtré, pas fière, plutôt nauséeuse, j'avais mal au ventre… J'ai demandé à aller aux toilettes. Qu'avais-je demandé là ? Quel péché ! Quelle outrecuidance ! Un corps qui avait ses besoins ne devait pas être un corps sain. La vie, dans la tête de ces religieuses, n'était pas incarnée, elle ressemblait à quelque chose de réglementé, coincé, corseté et préparé, surtout pour un après prétendument paradisiaque dont elles me faisaient drôlement douter au vu de leurs comportements !

La monnaie de sa pièce

J'ai eu ma petite vengeance, ce qui ne fait pas partie de la bienveillance promulguée ces dernières années. Mais, pour les autres qui avaient vécu dans cet établissement et pour moi, il fallait que je mène ce dernier combat. Et que je le gagne (on ne se refait pas vraiment). La vie m'a offert cette petite occasion, ce plaisir du pied de nez, cette possibilité de formuler que nous sommes tous capables de nous tirer d'affaire même si nous sortons des rails.

Des années après ma sortie, le Centre a organisé une petite fête avec les anciens. J'ai accepté cette invitation avec joie. Coupe de champagne à la main, j'ai reconnu une de ces sœurs d'autrefois, toute ratatinée. Je n'ai pas réfléchi ; d'un mouvement spontané, je me suis dirigée vers elle et je n'ai pas pu m'empêcher de l'apostropher à voix haute : « Eh bien, ma sœur, vous vous souvenez de moi ? Vous rappelez-vous aussi comment vous nous interdisiez de jouer à la poupée ? Vous nous forciez, nous les filles, à faire des travaux de couture que personnellement j'exécrais. Nous ne sommes pas toutes faites de la même étoffe, c'est le cas de le dire ! J'ai bien fait de refuser ce que vous vouliez, de fuir vos idées toutes faites ; sinon, que serais-je devenue ? Ce que je suis en tout cas aujourd'hui m'épanouit pleinement, et ce n'est pas grâce à vous. »

J'ai encore, dans les oreilles, le tonnerre d'applaudissements de mes camarades et des autres personnes présentes.

Et encore, je n'ai pas abordé le problème des filles et des garçons. Certes, nous étions tous handicapés, mais pas question d'être ensemble à la cantine, par exemple, où nous, les filles, nous avions l'interdiction formelle de jeter un seul regard sur les garçons, auxquels quelques-unes d'entre nous commençaient à penser…

9

Blocage à l'école

« Ne pas travailler, ne pas écouter était mon échappatoire. »

Je l'ai déjà avoué : je n'ai jamais aimé l'école. Jamais.

Toutefois, j'étais une passionnée de lecture. J'ai connu un certain nombre d'infirmières, dont une qui voulait s'occuper de ma culture littéraire, notamment.

Oh, bien sûr, à mon âge, j'étais plutôt attirée par des romans légers, comme les Guy des Cars, tels que – si ma mémoire est bonne – *La Brute* ou *L'Impure*. Je ne me souviens pas de ces livres, sinon que leur lecture en était facile. C'est en constatant mon plaisir à lire que l'infirmière en question voulut m'initier aux écrivains russes. Elle me mit entre les mains des œuvres de Dostoïevski, des textes un peu compliqués pour moi. Je n'y étais pas prête…, mais j'aimais tellement lire !

Cela dit, à la même époque, quelqu'un m'a offert un livre intitulé « *Nanou*[1] » – l'histoire d'une championne de natation –, que je ne cessai de lire et de relire. Puis une autre personne m'a offert la biographie de Kiki Caron : *Kiki par Christine Caron*[2]. Cette icône des bassins avait tout pour elle : un joli minois,

---

1. Georges Régnier, *Nanou. Le roman d'une championne*, Solar, 1970.
2. Christine Caron, *Kiki par Christine Caron*, Jacob-Duvernet, 2006.

des victoires et des médailles… Je me suis accrochée à ce livre comme une moule à son rocher, tant je le trouvais fabuleux ! Et pourtant, l'avenir n'avait rien murmuré de ce genre à mes oreilles. Je me dis aujourd'hui qu'il s'agissait là d'un signe inconscient, d'une vibration du futur qui était venue me frôler. D'un caillou du Petit Poucet laissé sur mon chemin, pour un jeu de piste que je n'imaginais même pas.

À la Conception, à Marseille, l'école fut une catastrophe ; et cela se confirma à Pomponiana. Je m'ennuyais ferme, rien ne m'intéressait. Cette fois pourtant, j'assistais à de vrais cours, mais allongée sur le ventre, sur mon Berck. Disons-le, des heures de cours, des heures de kiné, des heures de balnéothérapie, les soins, tout cela finissait par me gonfler sérieusement. Je ne supportais plus les obligations. Je me réfugiais dans la lecture, qui me faisait rêver, marcher, être libre, et rire encore et toujours… En fait, je me rends compte que j'étais comme ma mère : une femme cultivée, du moins par rapport à la plupart de mes camarades, avec des carnets de notes catastrophiques. Plus tard, je changerai de cap ; nous n'en sommes pas encore là. À ce moment-là, j'ai redoublé le CM1 – il faut le faire ! J'avais bien reçu, à la Conception, un prix, celui du courage (maman en était très fière), que j'estimais déjà à 9 ans très exagéré. J'observais, en plus, que ce courage se dissolvait comme un vernis à Pomponiana. Je ne travaillais pas, je me dispersais, je me dissipais. Et il faut souligner que tous les élèves se fichaient généralement des cours. Ils avaient tellement à faire avec leur vie pas complètement ordinaire, à se consoler les uns les autres, à essayer d'être forts que, franchement, les problèmes liés à la connaissance, au savoir, à la culture leur passaient au-dessus de la tête. Dans une classe supérieure, un professeur me marquera : celui d'Histoire, qui avait l'intelligence de nous raconter l'Histoire par la petite histoire, oserais-je dire. Celle qui nous touche. Et je suis restée, grâce à lui, une passionnée d'Histoire.

Il est vrai aussi qu'on nous dispensait un enseignement identique – dans sa forme et dans son contenu – à celui des autres enfants. Je confirme aujourd'hui que c'était l'annonce d'une catastrophe scolaire : la défaillance du système. En tout cas, pour moi, puisqu'il semblait ignorer comme pour d'autres la situation exceptionnelle des élèves et des personnalités fortes comme la mienne par exemple. Le pack était trop lourd pour moi. Les vertus de l'effort, je les montrais et les déployais ailleurs. Je mesurais déjà le sacré clivage qui existait entre l'enseignement et la vraie vie, les enseignants (venus des établissements scolaires voisins) et leurs élèves, surtout nous. L'ennui, il est vrai, est classé parmi les traits caractéristiques de la préadolescence et de l'adolescence ; mais là, il frappait fort. Je décrochais, nous décrochions, l'existence m'avait déjà fait ingurgiter tellement de choses que le programme scolaire en plus, et inadapté, c'était trop ! Finalement, ne pas écouter en classe, ne pas travailler était mon échappatoire.

10

Pierre par pierre

« Nous étions tous du même bord : celui des cabossés. »

Quand je vivais au milieu de cette bande d'abîmés, il y avait des malades plus amochés que moi. Cependant, que ce soit sur eux, sur les plus légèrement atteints, ou sur moi, je n'ai jamais perçu de regards dérangés ou fuyants ; nous étions tous du même bord : celui des cabossés. Les classes sociales n'existaient plus, et ce sont ces mêmes barrières explosées que j'ai retrouvées dans le sport, et plus encore dans le handisport.

Pas un seul jour je me suis dit : « *Tiens, enfin, je suis à ma place.* » Elle s'était collée à moi, ma place. Elle s'était moulée à moi, tout naturellement et sur mesure !

Mois après mois, je grandissais. Mes parents me rendaient visite tous les quinze jours. J'étais depuis trois ans à « Pompon » (comme on a coutume de surnommer ce centre) quand ils divorcèrent. Mon père avait déjà une autre compagne, et j'avoue que ce divorce m'indifféra, voire me soulagea. En effet, au retour à la maison, au moins, je ne verrais plus mon père et ne devrais plus supporter ce duo qui ne s'entendait pas, qui ne s'aimait plus depuis longtemps. Cessons de croire que les enfants de divorcés sont tous traumatisés ; à la maison, avec l'ambiance qui y régnait, je n'ai jamais cru aux contes du genre « ils se marièrent, vécurent heureux, et eurent beaucoup d'enfants ». Chez nous, ce n'était pas la fête. Enfin, ma chère maman et moi allions vivre au calme.

Enfin, maman… Hyères était éloignée de Marseille, et la présence de ma mère n'était donc plus quotidienne pour me soutenir le moral et m'entourer de son amour. Les enfants ont leur monde et se montrent parfois durs avec ceux qui les aiment. Ou bien, pour avoir dû dépasser tant de douleurs, quelque chose en moi se durcissait. Ma nouvelle famille compensait tous ces manques aussi – je veux dire ce chaos familial et les douleurs physiques qu'il fallait accepter, traverser et oublier aussitôt. Mon « clan » se composait, bien sûr, de mes camarades, auxquels il fallait ajouter les soignants, dont les kinés qui me prodiguaient des soins chaque jour. Ils étaient importants, car, même sans être dans la plainte, ils savaient où se trouvaient les racines de mes douleurs, les travaillaient avec moi pour les soulager. Par parenthèse, à l'époque, on ne massait pas les enfants, il s'agissait de leur faire travailler leurs muscles. Je me souviens que l'une de mes kinésithérapeutes (parfois, elles nous suivaient pendant des années), pour mes 13 ans, m'avait offert une peluche ; et j'adorais les peluches, comme aujourd'hui (je ne crains pas, dans mon bureau à la FFH, d'avoir quelques peluches et mascottes…). J'étais très attachée à cette kiné, et son cadeau m'avait remplie de bonheur.

Les infirmières n'étaient pas toutes sympathiques. Certaines avaient leurs idées fixes, comme me faire ranger mon armoire. Le rangement – tout comme la couture ou l'enfilage de perles – ne faisait pas partie de mes points forts.

Dans mon panthéon, je place à part les monitrices ; du moins, quelques-unes d'entre elles qui tissaient avec nous des liens particuliers, entre l'éducatif et l'affectif. S'instituait alors entre nous cette chose si rare et si délicate : la confiance. Celle qui permet de dévoiler sa sensibilité, celle qui pousse aux confidences qui font du bien. J'ai partagé avec des monitrices des heures de sororité inscrites à tout jamais dans ma mémoire. Des opportunités de moments, des richesses de l'instant, des présences précieuses qui, à l'âge que j'avais, peignaient, dans mon ciel encombré parfois de nuages noirs, des arcs-en-ciel lumineux.

Toutes ces rencontres fabriquées de bric et de broc m'ont construite, ont redressé d'abord *l'allongée* que j'étais, puis *l'assise*, et plus tard *la boiteuse.* Toutes ensemble, elles ont monté un mur de petites pierres, sur lequel je pourrais m'appuyer toute ma vie. Plutôt utile et fantastique, quand on a comme moi des problèmes de fragilité extrême des os. Quand j'écris ces mots, j'oublie mes maux, et mon cœur déborde de gratitude.

11

Grandir

« J'ai fait ma crise d'ado comme les autres ados,
et c'est tant mieux. »

Je grandissais, j'évoluais comme une préadolescente, puis comme une ado, avec des moments hors du monde puisque ponctués par des opérations chirurgicales.

L'âge et mes camarades m'ont éloignée de ma chère maman. J'ai fait ma crise d'ado comme les autres ados, et c'est tant mieux. Ma mère en souffrit, à l'image des autres mères, tout en s'abstenant de me parler de ses blessures, de ses petites déceptions, et en continuant à me montrer le côté positif de la vie ; ce qui avait le don de m'énerver, surtout quand je n'étais pas au top.

Ma mère ne m'avait pas expliqué ce qu'étaient les règles chez une ado qui, de ce fait, devenait – comme on le disait à l'époque – une jeune fille. Les sœurs gardaient bouche cousue sur le sujet. Heureusement, je pouvais compter sur mes camarades, sur les kinés ou les monitrices. Nous avons eu droit quand même à des cours, notamment un cours assez basique sur la sexualité, donné par un médecin. Je me souviens qu'une vidéo sur un accouchement fut projetée.

Certains et certaines s'excitaient quand le sujet de la sexualité était abordé. Personnellement, je restais indifférente, ne ressentant aucune attirance pour quoi et qui que ce soit. En revanche, j'y reviens, j'avais des amitiés fusionnelles ; mais comment pouvait-il en être autrement ?

Nous n'avions pas la permission de regarder la télévision ; et nous avons eu, je crois, quelques séances collectives de cinéma.

Des étés tristounets

Je grandissais, et les années scolaires étaient rythmées par les vacances estivales, mon grand déchirement. Tous les membres de ma famille de bras cassés partaient rejoindre leurs parents. Pas moi. Ce n'est pas que ma mère ne me voulait pas à ses côtés ; mais, dans son immeuble, l'ascenseur n'existait toujours pas. L'été arrivait, avec sa cohorte de patients différents : ceux qui souffraient de problèmes de dos, venus de diverses régions ; ils restaient un mois tout au plus. Ils séjournaient à Pomponiana comme on séjourne dans un centre de thalasso pour y faire une cure. Ils ne me ressemblaient pas, leur vécu n'était pas le même, je ne ressentais pas pour eux un sentiment de fraternité.

Je me sentais seule, avec les soignants certes, les « chères » sœurs, mais sans mes camarades. J'avais beau avoir des intérêts, je me suis ennuyée, je me suis sentie toute seule. Terriblement seule. Là, j'ai eu des coups de mou, avec une sensation d'exil. Oui, d'exil. Des envies de pleurer, des envies de me plaindre et de me faire consoler. Je m'en suis pratiquement abstenue, cela aurait servi à quoi ? En fait, tout ce chaos de sentiments était renforcé par cette crise d'adolescence.

L'été des compétitions

Disons-le, l'été m'apportait ses reflets sombres dans un ciel d'azur ; et depuis, même dans mes moments joyeux, je n'ai jamais aimé l'été : son approche m'occasionnait et peut m'occasionner encore parfois des angoisses. Heureusement, durant l'été, le sport amène ses journées de compétition ; et, comme présidente de la Fédération française handisport, il me faut être présente. La volonté et la joie des compétiteurs mettent du baume sur ce passé estival douloureux, pourtant lointain.

12

En fauteuil !

« Ma maladie, sans que je le veuille, devenait une force. »

J'étais impatiente de passer du Berk au fauteuil roulant, celui qui me garantirait une autonomie nettement plus importante, et symbolisait aussi une évolution positive de ma maladie.

Le souci pour moi n'était pas celui d'un mauvais moment à passer allongée sur mon Berk, je savais que la période entre le Berk et le fauteuil serait longue, pourtant je n'avais pas vraiment conscience du temps. Je chassais l'idée, dès qu'elle se pointait, que le sort s'acharnait sur moi. J'avais établi une sorte de règle dans mon cerveau d'enfant à laquelle tout le monde peut souscrire : s'attacher au moindre sourire, au petit geste, à l'infime victoire. Et si le soleil avait décidé de ne pas revenir tout de suite dans ma tête et dans mon cœur, faire de ce présent sombre quelque chose de positif. Cela dit, je me rends compte aujourd'hui que j'aurais dû laisser mes larmes couler, et écouter davantage mon corps, comme je le fais aujourd'hui.

Il y a des filles qui tricotent des pulls pour leurs poupées ; moi, je tricotais les fils de mes ressources énergétiques. Ma maladie, sans que je le veuille, devenait une force. Je choisissais la vie, pas la survie.

Cette douleur aiguë que l'on ne s'imagine pas

Au bout de deux ans de Berk, mes os s'étant consolidés, les médecins décidèrent de me retirer le plâtre qui enveloppait mon corps, pour m'asseoir dans un fauteuil. Par parenthèse, les soignants me changeaient ce plâtre tous les deux mois, par souci d'hygiène et pour le conformer à mon corps qui grandissait. Je me souviens parfaitement de cette sensation très étrange, une fois le plâtre retiré et en attendant le nouveau – bien sûr, l'intervalle était court –, que mes articulations se déverrouillaient. C'était bizarre et finalement désagréable.

En revanche, le passage du plâtre au fauteuil a été extrêmement douloureux. D'une douleur aiguë que l'on ne s'imagine pas. Il s'agit en effet d'asseoir un corps constamment allongé depuis des mois et d'en fléchir les membres. Le libérer de sa coque – tomber le sarcophage, en quelque sorte.

De mon temps, les choses ne se déroulaient pas ainsi, et le plus dur, le plus atroce même, fut de plier le genou. Aujourd'hui, l'acte se fait sous anesthésie, c'est dire... Allongée depuis deux ans, la musculature était très grippée, très raide, d'où les énormes difficultés. Il m'était impératif d'avoir alors terriblement confiance en mon kiné, parce que je savais qu'il ne me faisait pas terriblement mal pour rien, et qu'il connaissait très bien son job. Libérer les hanches avait été plus fluide. L'épreuve de plier le genou a laissé en revanche une empreinte quelque peu traumatisante, à l'image des cicatrices sur notre peau qui ne disparaissent jamais tout à fait.

Une fois cet acte terminé, mon impatience enfin satisfaite, je ne cachais pas ma joie : j'étais assise dans mon fauteuil, je me l'appropriais, et, pour pas mal d'années, il ferait partie de moi. Et puis, honnêtement, le confort d'un fauteuil roulant est incomparable à un Berk. Et il n'était même pas électrique ! Mais j'avais de bons bras, donc je n'en avais pas besoin. Je ne cessais de me répéter, comme le refrain d'une chanson : « *À moi l'autonomie !* » Déjà que je me débrouillais pas mal avec le Berk, mais avec le fauteuil roulant, je respirais mon indépendance et me faufilais partout.

Je veux insister sur un point : le fauteuil roulant n'est pas arrivé dans ma vie à la suite d'un accident. Je ne passais pas du statut d'une personne normale à une personne handicapée ; je n'ai donc pas vécu de bouleversement identitaire. Je n'étais pas en train de perdre mon autonomie ; au contraire, je la retrouvais !

Assise, je n'ai jamais autant ri avec les copains et les copines. Nous organisions les jeux les plus fous, tels que des courses de vitesse en fauteuils et bien d'autres choses un tantinet interdites.

Un détail que tout individu qui n'est pas passé par là ne soupçonne pas : avec le fauteuil, je voyais de plus haut. Je changeais de point de vue. Le monde se redessinait.

Le bien-être était revenu. Je prenais les commandes de ma petite vie, j'étais à la barre de mon navire, et je tenais le cap !

Il est vrai aussi qu'au Centre les malades ne rencontraient pas de problèmes d'accessibilité concrète, avec lesquels ils se heurtent à tout bout de champ dans la vie extérieure.

À ce moment-là de mon existence, la « vraie » vie avait des contours assez flous dans ma tête. Je me rendais compte bien malgré moi qu'un fossé séparait le monde des valides et celui des personnes en situation de handicap. Qu'importe, assise enfin dans mon fauteuil comme sur un trône, je me sentais joyeuse.

13

Et l'appareillage changea ma vie

« Une simple inscription à des cours de natation fera basculer l'itinéraire de mon existence. »

Un jour, les médecins ont décidé de m'appareiller. Dans ces années-là, non seulement les gosses n'avaient pas le droit à la parole, mais ils ne pensaient pas à poser des questions aux praticiens – « c'était comme ça ».

J'avais alors aux alentours de 12 ans, et on m'a dit : « Tu vas marcher. » Et j'ai marché avec l'appareillage et deux cannes. Attention : parce que je le pouvais ! Un handicapé ne marche que s'il peut le faire, ce n'est ni une question de volonté ni de miracle.

Passer de la position assise à debout, ce n'était pas un choc, mais c'était tout comme. Généralement, quand un valide désire parler avec un « handi » en fauteuil, il s'accroupit devant lui ou s'assied sur une chaise à ses côtés. À ce moment-là de ma vie, je fus à la hauteur de mes interlocuteurs – une autre joie. J'avais l'impression d'être très grande, moi qui ne mesure que 1,55 mètre ! La sensation était si nouvelle pour moi. Mon regard sur les autres et le monde, même réduit, dans lequel je vivais prenait une autre allure, un angle différent, ou plutôt un grand angle…

L'appareillage que je mettais toute seule dans mon lit avant de toucher le sol était encombrant, lourd et blessant pour ma jambe. Il me créait des points de douleur, mais j'étais tout de même ravie de cette évolution. Debout… Je devenais une lionne debout !

Une qui était très contente, c'était ma mère. Du coup, malgré la galère que cela a représenté, j'ai pu monter les quatre étages qui menaient à notre appartement. Les redescendre ne fut pas une mince affaire. Il me semblait que grimper en haut de l'Everest devait être tout aussi difficile. J'exagère, bien sûr, mais ce fut très pénible et compliqué.

Quelque temps plus tard, l'urgence survint : je me suis cassé le fémur pour la troisième fois !

Retour à l'hôpital de la Conception pour une énième opération. C'est là que j'ai entendu un médecin dire à mon propos : « Ben elle, elle n'est pas sortie de l'auberge ! »

Il n'empêche que je ne souffrais pas et que je savais désormais que j'avais l'âme d'une *warrior*. De toute façon, mon existence se déroulait ainsi depuis des années, et je ne comptais plus les opérations ; ces temps « d'arrêt et de reprise » me paraissaient naturels. Pourtant, en moi pointait l'envie de sortir de Pomponiana. Chaque fois que j'avais une visite médicale – et le rythme en était régulier –, j'interrogeais le médecin : « Je sors quand, Docteur ? » Et, tout aussi régulièrement, il me répondait : « Demain. »

Demain arrivait, et je ne sortais pas. Au bout d'un moment, je m'attendais à sa réplique ; cela ne m'empêchait pas d'espérer, d'être déçue et de pleurer. À l'âge de la maturité qui est le mien, je trouve toujours odieux de faire naître bêtement ou perversement, chez un enfant, un espoir qui ne pourra pas être satisfait. Disons que ce toubib-là n'avait pas envie d'entendre ma colère, mes plaintes de toutes sortes ; il fuyait la situation, bien lâchement.

Et les jours passaient, et mes os se consolidaient plus ou moins, et je continuais par obligation à assister à des cours. Je le répéterai toujours : à moins d'avoir le goût des études chevillé au corps, jongler entre les soins quotidiens, assez désagréables et chronophages, et par ailleurs suivre les cours devenait pour moi une contrainte de trop. Je passai tant bien que mal dans la classe supérieure.

L'événement

Un jour, le président d'une association sportive s'est pointé au Centre pour offrir bénévolement ses services. Il avait compris que le sport pour ces enfants handicapés serait une ouverture et un sas pour les libérer de leurs tensions physiques et psychiques.

Il proposait le tennis de table en fauteuil (que j'ai pratiqué), le tir à la carabine (j'ai juste essayé) et la natation. Pour cette dernière activité, un bus serait prévu pour nous emmener à la piscine municipale d'Hyères et nous reconduire ensuite au Centre. Je me suis inscrite, la promenade en bus devait m'amuser.

Les instants de notre vie où nous faisons les choses « comme ça » et qui vont, en fait, la transformer sont toujours impressionnants après coup. Une simple inscription à des cours de natation fera basculer l'itinéraire de mon existence. Croisée des chemins, signal d'une mission de vie en toute inconscience… J'avais alors 14-15 ans, mais j'étais déjà si aguerrie et si peu lucide en même temps. Pomponiana n'était pas la « vraie » vie, je ne me le disais pas, forte et insouciante, en tout cas, je n'ai pas senti une seule seconde qu'allait se jouer là une grande partie de ma vie prenant alors la forme d'un destin.

14

J'ai d'abord marché sur l'eau

« L'eau était ma planète, celle où je me redressais, où tout était possible. »

Pour nager, il faut retirer son appareillage et puis… glisser dans l'eau. Je ne savais pas particulièrement bien nager, mais me retrouver juste avec mon maillot de bain, sans plâtre, sans appareillage, sans canne, bref, juste en tête à tête avec l'eau qui semblait se creuser pour que je puisse mieux me mettre en mouvement, suivre son chemin libre et simple, me remplissait de bonheur.

Après quelques cours d'entraînement, je dominais la situation, je nageais, j'aimais nager, je me lovais dans l'eau, devenue mon élément. C'était ma planète, celle où je me redressais, où tout était possible. D'ailleurs, je nageais, mais surtout j'avais l'impression de marcher sur l'eau. Une vraie renaissance !

J'étais libre et légère. Valide ou « handi », ça n'avait plus d'importance, le plaisir – et même la jouissance – était le même, j'en étais et en demeure convaincue.

L'eau qui glissait sur ma peau, entre mes mains et mes pieds, fut tel un rocher auquel j'ai pu m'accrocher. À la sortie de Pomponiana, j'y reviendrai, elle devint ma bouée de sauvetage.

J'avais 15 ans, je l'ai déjà raconté, il y avait un championnat de natation à Roanne, que nous avions rejoint par autocar. À l'arrivée, à la piscine, j'avais l'état d'esprit d'une spectatrice qui regardait avec une certaine distance les copines excitées à l'idée de remporter cette course organisée. Et tout à coup, j'ai senti cette montée d'adrénaline, ce déclic avant/après, avec ces mots que j'ai prononcés intérieurement : « *Je vais les battre, je vais les battre !* » Et je les ai battues ! Je les ai battues avec mes bras qui, depuis des années, me donnaient leur force pour me déplacer avec le chariot plat, le fauteuil, l'appareillage et mes cannes. Cette fois, avec mes jambes, ils composaient mon équipe gagnante. Mon mental a fait le reste.

Dans le bus qui nous ramenait au Centre, j'étais aux anges… J'étais pleine de gratitude pour la confiance et l'esprit de la gagne qui s'étaient imposés à moi. Par surprise. Je m'étais dépassée par surprise. J'avais traversé la piscine pour remporter la victoire, j'avais traversé la piscine pour croire en moi sans le savoir.

Une traversée rapide, un voyage éclair d'un bout à l'autre de la piscine qui, avec le recul, s'apparente à un voyage intérieur. À ce voyage vers soi dont je parlerai plus tard. J'avais nagé vers moi-même ; un rêve fou allait éclore, qui prendrait la forme de l'eau. En un championnat, j'avais trouvé la foi. Enfin, la mienne…

15

Un air de sortie

« Je n'aurais jamais imaginé que j'allais recevoir un tel uppercut de solitude. »

Le jour est arrivé…

Je n'y avais pas vraiment pensé, ou je n'avais pas voulu y croire… Lors d'une visite médicale d'un mois de mai qui s'annonçait banal, j'ai réitéré ma sempiternelle question : « Alors, je sors quand ? » Cette fois, les médecins m'ont répondu : « En juin, à la fin de l'année scolaire. » C'est alors que je leur ai répliqué aussi sec : « Maintenant, je me débrouille très bien avec mes bras, je ne veux plus ni de l'appareillage ni des cannes. » Ils m'ont souri.

J'avais quitté l'appareillage, je béquillais vite et bien. J'avais 16 ans, l'âge où l'on commence à avoir un regard très personnel sur les choses. Et une partie de ma vie allait s'achever. Tout s'accordait, car, autant j'avais adoré et adorais toujours Pomponiana, autant j'avais envie de voir un autre horizon. D'être ailleurs. De respirer un air de sortie.

Les sœurs aussi quittèrent l'établissement. On ne peut pas dire que leur départ nous ait fendu le cœur.

Après une énième opération du fémur, J'ai été opérée à la Timone (le service de mon chirurgien ayant déménagé de la

Conception à la Timone) en 1975 ; et j'ai retrouvé, le temps d'un été, mon centre de rééducation.

Le gros changement fut que ma mère avait enfin trouvé un appartement avec ascenseur, et elle m'avait promis : « Je te reprends à la maison cette fois, que tu marches ou non. » Je fus très réconfortée par ses mots, par son immanquable tendresse, et contente de la perspective d'une autre existence…

Ma mère était le genre de personne à tenir ses promesses.

En quelques semaines souffla un air de liberté.

Une page en moi se refermait, avec ses chapitres de l'enfance et de l'adolescence. La structure du Centre nous mettait en couveuse en quelque sorte, mais, au fil du temps, j'étais devenue une jeune fille, avec ce désir d'aller de l'avant et de goûter à mon indépendance. À cette autonomie qui manque tellement à bon nombre de « handis », et qui s'enflammait en moi rien qu'à prononcer son nom.

Seule l'école posait encore un problème. Certes, je n'étais pas un foudre de guerre, et certains professeurs des lycées environnants qui nous donnaient des cours ne comptaient pas toujours parmi les plus performants et les plus enthousiastes. Mais moi, j'avais besoin d'enthousiasme, d'énergie, de vitalité. J'ai toujours cette nécessité qui brûle en moi, c'est mon moteur.

À la fin de l'année, j'allais quitter tout ça, avec un niveau disons de troisième, et encore. Pas de quoi ni se pavaner ni penser aux études supérieures.

Parfois, on me demande : « Vous ne pensiez donc pas à faire carrière dans le sport, et particulièrement dans la natation ? »

D'abord, cette *addiction* à la nage est survenue après ma sortie définitive de Pomponiana en 1975, alors que j'y étais entrée en 1969, après une année (1968) à l'hôpital de la Conception. Je n'imaginais pas qu'il me fût possible de faire carrière dans ce domaine. Autant aujourd'hui j'obtiendrais un poste ; autant à l'époque ce ne pouvait être qu'à titre de bénévole. Or je devais m'assumer financièrement. Et puis le sport et les Jeux olympiques, et notamment les Jeux paralympiques, n'avaient pas pris l'importance actuelle.

Sur le plan scolaire, je dois préciser que je n'ai pas été lâchée comme ça dans la nature une fois sortie de « Pompon », les cours continuaient dans l'enceinte d'un collège spécial. D'autres élèves que je connaissais sont allés directement dans un lycée « ordinaire » – où élèves valides et handis sont mélangés. Ce ne fut pas mon cas. J'ai poursuivi ma fin de troisième et ma seconde dans cet établissement spécifique où je me rendais en béquillant avec beaucoup de dextérité !

Pourtant, la sortie de Pomponiana n'a pas ressemblé à la fête que j'avais imaginée. Ce fut plutôt une période de désappointement et de déprime.

Si au Centre j'avais mené de sacrés combats, mesuré ma force et ma détermination, j'avais aussi tricoté des années protégées, loin du monde extérieur, réel, où les batailles sont d'une nature à laquelle je n'étais pas vraiment préparée.

Là-bas, je n'étais pas seule mais « en famille ». Aux coups de blues que nous éprouvions parfois les uns les autres répondaient constamment une blague, un fou rire, une marque d'affection de cette bande d'abîmés que nous formions. Tous ces corps altérés avaient fini par s'agréger, ne composant qu'un seul corps qui fonctionnait très bien et, si j'ose dire, une espèce unique d'esprit et de cœur.

De retour à Marseille, je devais me reconnecter à ma mère, que j'adorais toujours, mais que je ne connaissais pas ou plus, hors de courtes périodes, dans son quotidien. Je pense que, sans nous l'avouer, nous avions un vécu tendre, malgré tout si différent qu'il nous fallait nous apprivoiser. En plus, j'avais 16 ans, et ma crise d'adolescence n'était pas terminée ; je ne me montrais pas toujours aimable, loin de là !

J'étais entrée enfant à Pomponiana, j'en sortais jeune fille, avec un monde en profond changement et un mur de solitude. Je ne connaissais plus personne à Marseille, je n'avais plus de copains et, à mon amie d'enfance, je n'avais plus rien à dire. Car que dire, en fait ? Nos parcours avaient pris des directions si différentes.

J'étais comme un champion qui, une fois la compétition terminée, se retrouve seul ; ou comme une star de la chanson qui, après un concert, rejoint seule sa chambre d'hôtel. Moi, cette fête, je l'avais attendue pendant des années, et le champagne avait un goût acide. Ma famille de Pomponiana ne m'entourait plus. Je n'aurais jamais imaginé que j'allais recevoir un tel uppercut de solitude. Ma mère s'en désolait.

Vers 1975, nous étions au cœur des années giscardiennes. On parlait beaucoup du choc pétrolier ; et, même si toutes les questions politiques et économiques me dépassaient à l'époque, tout cela semblait marquer au fer la société dans laquelle je vivais. Ce qui m'intéressait davantage – et j'en discutais avec ma mère –, c'étaient les lois qui s'ouvraient aux femmes, comme l'interruption volontaire de grossesse, ou le congé parental qui s'étendait dès lors à deux mois, sans compter le divorce par consentement mutuel.

J'entendais tous ces propos sans vraiment me sentir investie, alors que j'étais une jeune fille ! Les religieuses qui géraient le centre de rééducation et ma santé fragile avaient « réussi » à ce que la féminité ne fasse pas partie de mes préoccupations – ce qui chagrinait un tant soit peu ma mère.

Pour me distraire, ma mère me proposait d'aller au cinéma avec elle. Je me souviens des *Dents de la mer*, de ce merveilleux film *Le Vieux Fusil*. Et j'écoutais (comme à Pompon) la radio. Il y avait Dave, et sa chanson *Vanina* qui entrait dans nos cerveaux pour ne plus en sortir, ou le fameux *Été indien* de Joe Dassin. Je riais comme tout le monde en découvrant Coluche dans *Le Schmilblick*. Je regardais à la télévision la victoire de Björn Borg à Roland-Garros et la première édition de la Coupe du monde en 1975. J'admirais Nadia Comaneci qui, en 1976, était devenue la reine de la gymnastique des JO à Montréal. Comment pouvais-je imaginer qu'un jour, moi, la petite Guislaine, je me tiendrais toute droite sur le podium des Jeux paralympiques à Séoul ? Rien qu'à penser à ce cap incroyable de ma vie, j'en ai encore le frisson, le vertige, le merveilleux.

Il n'empêche que j'étais seule. Au grand dam de maman, alors que moi, personnellement, une fois le choc du retour passé, cette situation ne m'embêtait pas vraiment, j'étais d'un tempérament plutôt solitaire. J'étais pleine de contradictions aussi à l'époque, satisfaite d'être sortie du centre de rééducation, quoiqu'en manque sérieux de ma seconde famille. Je m'ennuyais ferme. Ma mère me poussait à sortir, à rencontrer du monde, à m'intégrer dans une bande de jeunes. J'avais beau lui expliquer que toutes les bandes étaient constituées et qu'elles ne m'attendaient pas, elle s'obstinait. Elle voulait mon bonheur. Ce qui se traduisait par : « Sois comme tout le monde ! »

Ce tout le monde-là n'était pas mon milieu !

16

Le soutien d'un club

«Mon petit doigt me disait que j'allais de nouveau rencontrer une famille. Ça n'a pas loupé!»

Je suivais, cette fois, des cours par correspondance, avec quelques heures en présentiel avec des professeurs détachés des lycées voisins, ce qui aggrava mon niveau scolaire – pas terrible…

Ces pitoyables résultats s'ajoutaient à cet ennui profond qui m'enveloppait. Alors que je me morfondais, j'ai entendu parler du club handisport de Marseille. Belle coïncidence, car j'avais une énorme envie de retrouver l'eau et la souplesse de mon corps.

Je m'y suis rendue sans aucune peur. Je venais de celui de Pomponiana, j'étais des leurs, je pouvais y montrer mes talents et surtout ma véritable ardeur. L'accueil que l'on me réserva fut d'ailleurs très chaleureux. Mon petit doigt me disait que j'allais de nouveau rencontrer une famille. Ça n'a pas loupé! Je renaissais au sport, aux autres et à moi-même! Je me sentais de nouveau chez moi, sur ma planète.

Je l'écris, le dis, le chante: mon expérience en club handisport fut géniale! J'étais heureuse. Pour cette raison, j'insiste sur l'importance – voire la place incontournable – des clubs, et spécifiquement des clubs handisport. Le sportif, débutant ou non, y bénéficie d'une zone de décompression. Non seulement on l'entraîne, mais il se lie à des individus à son image, il peut rencontrer ses pairs et aussi trouver une écoute fine et fondamentale. Même s'il connaît, comme tout un chacun, des coups de blues, s'il se sent démotivé, le club – et notamment son entraîneur – lui apporte son soutien physique et moral. Le club devient son refuge et ses repères, un lieu d'échanges, tout en lui procurant du bien-être et de la joie. Un handicapé doit s'y sentir soutenu et en ressortir gonflé à bloc. J'ai été entraîneure pendant des années, et j'ai travaillé de cette manière. Plus tard, j'ai perçu que je jouais un rôle prépondérant. Et j'ai reçu, de la part des sportifs que je coachais, des retours incroyables qui me sont allés droit au cœur et au sens de ma vie.

17

M'assumer financièrement

« De toute façon, je n'avais pas le choix. »

J'ai arrêté mes études en fin de seconde, j'envisageais sérieusement de m'assumer. De toute façon, je n'avais pas le choix. Par hasard, j'ai su que l'Urssaf recrutait du personnel. Je me suis présentée. J'ai passé un examen, que j'ai réussi, et j'ai fait mon entrée dans cet organisme privé – j'aime à le rappeler.

Ma mère était ravie : l'Urssaf résonnait sécurité de l'emploi, solidité professionnelle, un parcours serein. Personnellement, j'étais satisfaite de pouvoir apporter un tant soit peu d'aide financière à notre foyer. Cependant, le travail que j'effectuais était à mourir d'ennui. Je classais des fiches toute la journée, puisque l'ordinateur n'existait pas. Ça me fait penser à une vieille chanson de Serge Gainsbourg : *Le Poinçonneur des Lilas*. « J'fais des trous, des p'tits trous, encore des p'tits trous… » Eh bien moi, c'était pareil, sauf que je classais des fiches.

Faire du classement ma vie durant était impensable. J'avais fini par savoir que des concours internes étaient organisés pour évoluer dans notre job. Je n'avais pas éclairci et fouillé cette information, qui n'avait en apparence rien déclenché chez moi. Curieusement, elle avait pourtant intégré ma mémoire, pour ne plus en déloger.

Une partie de moi-même s'est mise en pause, comme à Pomponiana quand je constatais que l'heure de la sortie ne m'était pas du tout annoncée. J'avais cette confiance en la vie, qui me racontait que je trouverais bien une solution. Depuis longtemps, j'adhérais à cette bonne vieille formule : *quand on veut, on peut…*

En réalité, j'aimais une certaine improvisation de la vie ; et l'Urssaf, même bonne entreprise, ne pouvait me mettre de la fantaisie au programme, du moins telle que je voyais les choses à l'époque.

C'est que j'avais trouvé mon ailleurs, un vrai bonheur en m'inscrivant au club handisport de Marseille. Seuls m'importaient mon entraînement, mon bonheur dans l'eau, les retrouvailles avec cette nouvelle bande de copains qui s'était constituée et qui m'avait tout de suite adoptée. Je ne décris pas combien ma mère était ravie !

Je vibrais dans l'eau, je vibrais avec mes nouveaux amis, et surtout je vibrerai bientôt pour l'un d'entre eux…

18

Premier amour

> « Il m'avait remarquée, j'étais donc remarquable ;
> et ça m'épatait. »

Louis faisait partie de la bande de nageurs recomposant pour moi une bande d'amis, et plus que ça. C'est lui qui a fait le premier pas vers moi. Il m'avait remarquée, j'étais donc remarquable ; et ça m'épatait. Il avait beaucoup de charme, Louis, de dix ans mon aîné. Il émanait de lui un côté protecteur, rassurant. Sans doute, inconsciemment, faisait-il écho chez moi à une figure paternelle qui avait disparu de mon existence. Il s'intéressait à moi, j'étais donc intéressante et même, d'après ce que je devinais, désirable – waouh !

Louis avait eu la poliomyélite des deux jambes. Il s'en était sorti mais, quoique marchant sans aucun soutien extérieur, sa marche n'était pas parfaite. Peu importait, la maladie, le handicap, il connaissait. Ce n'était pas un très bon nageur, mais, entre la natation et le handicap, nous avions des points communs et des sujets de conversation. Il se montra plus malin que les autres : il me faisait parler de moi. Et ça, c'était pour moi une première qui m'a séduite. Il se montrait à l'écoute.

Je suis tombée amoureuse, vraiment amoureuse, je peux même dire que je l'ai aimé.

J'avais 18 ans, Louis était dessinateur industriel, et je rangeais toujours mes fiches à l'Urssaf. Nous habitions un petit appartement, et nous étions contents de partager nos soirées, notre vie, et de faire du sport ensemble.

Je suis tombée enceinte… Je fus heureuse de cette grossesse surprise, et Louis fut fou de joie. Sa joie m'a profondément touchée. Ma vie fut totalement transformée.

J'ai travaillé jusqu'au moment de mon congé maternité ; d'autant plus que, physiologiquement, j'étais en pleine forme ! Je n'ai jamais été aussi en forme que pendant mes grossesses.

19

Maman!

« Avoir mes enfants tenait du miracle insensé ! »

Malgré les recommandations de ma mère, qui me répétait : « Ne te marie donc pas ! », Louis et moi, nous nous sommes unis à la mairie. Je voulais que mon bébé porte le même nom que son père et moi. J'étais certaine aussi que Louis serait un bon père – une intuition qui ne s'est jamais démentie.

Laurence est née en 1979, avant mes 20 ans, un jour de mai, mon propre mois de naissance, j'appréciais cette synchronicité. Je l'ai allaitée pendant un mois ; je n'en garde pas un souvenir fantastique, comme je l'entends parfois de la bouche d'autres mères.

Je n'ai peut-être pas été une maman totalement maternelle comme on en parle partout, tout le temps, mais j'avais énormément d'amour à donner, et pour ce don-là je n'avais pas de limites.

Cependant, j'ai repris mon travail à l'Urssaf ; toujours à classer mes fiches, mais avec un esprit différent. J'étais totalement habitée par l'amour pour ma petite fille, et mon salaire était nécessaire aux besoins de notre foyer.

Quelques mois après, j'étais de nouveau enceinte et, comme pour Laurence, j'ai travaillé jusqu'au bout. C'est alors que j'ai entendu les réflexions de mes collègues féminines pas toujours sympathiques. J'étais « trop » : celle qui va toujours au bout. Je ne répondais pas. Elles ignoraient que j'avais eu l'habitude de dépasser mes limites bien des fois ! De plus, chaque grossesse est unique. Je ne connais pas du tout Rachida Dati. Mais, quand ces moments-là me reviennent en mémoire, il m'arrive de penser à elle et à son retour au gouvernement trois jours après son accouchement. Elle avait essuyé pas mal de critiques du même genre : Dati ne faisait pas de bien aux femmes enceintes, et aux femmes en général.

Laurence était tout excitée à l'idée d'avoir un petit frère.

Et Julien vit le jour en 1981, vingt-deux mois après elle. J'avais le choix du roi, comme on dit : une fille et un garçon. J'avais cette chance, je la savourais pleinement. J'aimais mes petits, ils faisaient battre mon cœur. Il m'arrivait de les toucher en leur murmurant : « Mes bébés, je tremble de bonheur avec vous. »

Qui plus est, ils n'étaient pas malades, leurs corps fonctionnaient à merveille ! Pour leur père et moi, c'était tout de même une grande victoire ! La médaille d'or de la médaille d'or.

J'étais heureuse, Louis et moi avions fondé une famille ; quelque part, je me disais que je le méritais !

Quand je tenais mes enfants dans mes bras – et souvent les deux ensemble –, j'aurais voulu être une mère-kangourou pour les couver au chaud dans ma poche, sur mon ventre, et les sentir respirer à l'unisson. J'habitais avec eux mon triangle d'or… Louis jouait son rôle avec une infinie attention et tendresse ; et ces moments-là furent vraiment des moments de grâce. Rien que d'y repenser, l'émotion me submerge.

J'étais maman. Et ma mère était totalement « hors sol », elle se révélait être une vraie grand-mère ; et les années confirmeront qu'elle a été une grand-mère parfaite !

La vie imitait un magnifique lever de soleil, qui me réveillait doucement pour ronronner encore et encore. La Méditerranée, à ma porte, ressemblait à une mer d'étoiles et de nuages plus légers que la ouate. J'avais, en effet, la tête dans les nuages. Je ne faisais pas de projection pour mes bambins : « Elle sera belle. Il sera fort. » Non, je me contentais d'être leur mère aimante, sans beaucoup les câliner non plus. Ce que faisait leur père, en revanche. J'étais si jeune, j'avais déjà vécu mille vies, pas toujours faciles, et je gardais moi-même une âme d'enfant…

Le congé maternité se terminant, j'ai, comme pour Laurence et comme les autres mères, mis Julien à la crèche. Et comme la période était décidément bénie, l'Urssaf mettait une crèche à disposition de son personnel.

J'ai donc pris deux décisions importantes : retourner travailler (comme je viens de l'écrire), et ne pas participer à des compétitions pendant quelque temps.

Ces années sans compétition, je les donnais à Laurence et Julien ; je voulais être la plus proche possible d'eux. Répondre à leurs moindres besoins. Désormais, je marchais quasi normalement, je nageais aussi vite qu'un poisson. Avoir mes enfants tenait du miracle insensé !

D'autant plus insensé que, pendant que j'attendais Julien, lors d'une visite chez le gynécologue, ce dernier a tâté mon cou et a détecté une grosseur. Un cancer de la thyroïde dont on m'a opérée trois ans après, en 1984, car j'avais trop laissé traîner les choses, tout à la joie d'avoir un nouveau bébé. J'ai tout de même signalé au chirurgien, juste avant de monter au bloc : « Attendez, il faut absolument que je retrouve la forme. Je dois passer l'examen de maître-nageur. » Il a éclaté de rire et m'a juste demandé d'attendre la fin du traitement à l'iode radioactive.

J'ai attendu deux ou trois mois, et j'ai repris l'entraînement dans l'unique but de passer l'examen de maître-nageur, que j'ai réussi en 1985, suivi du brevet d'État du second degré – le premier, je l'avais décroché en 1984.

Les cours pour les brevets d'État avaient lieu le samedi matin et un soir de semaine ; et pour rien au monde je n'en aurais raté un. Les formateurs de la Jeunesse et des Sports étaient excellents, et me motivaient plus encore.

Tous ces diplômes ne faisaient que renforcer ma passion et ma volonté d'être une vraie professionnelle : je voulais devenir éducatrice sportive.

Apprendre et se réapproprier sa vie

En ce qui concerne mon travail, pendant ce temps d'amour et de pause avec mes petits, j'ai pris conscience que les choses ne pouvaient continuer ainsi. Je devais évoluer dans mon job. Ça tombait bien, car un examen d'agent technique était organisé quelques mois plus tard. J'ai donc bossé cet examen, et, comme avec la natation où mon esprit de compétition avait surgi de façon inattendue, le déclic pour les études a fait de même, m'a piégée de manière surprenante et tout à fait incroyable. Moi qui avais quasiment détesté l'école, je me suis prise de passion pour les cours donnés pendant cette formation à ce poste éventuel. Tout à coup, je découvrais que j'adorais apprendre. Au fur et à mesure, je m'ouvrais, j'avais même la sensation de grandir… J'étais téléportée dans un univers que je ne soupçonnais pas, et que je ne quitterais plus.

Nager m'avait permis de me réapproprier mon corps ; apprendre me permettait de me réapproprier ma vie

J'ai éduqué de la même façon ma fille et mon fils. Transmet-on à ses enfants, malgré soi, quelque chose qui fut difficile ? En tout cas, ils n'aimèrent pas l'école ; et ce sujet fut un tant soit peu pénible à la maison. Je tenais à ce qu'ils décrochent au moins leur baccalauréat, me rendant compte à quel point, chez moi, un manque de culture et de diplômes avait constitué un blocage. Un mur. Le futur démontrera finalement que, comme pour moi, la scolarité classique ne leur convenait pas, et ils étudièrent sérieusement après leur baccalauréat. Ce déclic tardif a-t-il quelque chose d'héréditaire ? Curieusement aussi, ils n'apprécièrent pas plus que ça la natation et le sport en général. Nous entendaient-ils trop en parler, Louis et moi ?

Pour reprendre la natation et les compétitions, je m'appuyais sur Louis, qui s'occupait bien de nos enfants. Les enfants se chamaillaient et j'ai constaté qu'ils grandissaient quand, lors de leurs disputes, je ne parvenais plus à les séparer l'un de l'autre pour qu'ils retrouvent leur calme. Heureusement, ils s'aimaient bien, sans être pour autant fusionnels. Après leurs disputes, ils se réconciliaient assez rapidement. Ma mère œuvrait beaucoup aussi…

Pendant cette période, tout me réussissait : je passai avec brio mes examens sportifs, ainsi qu'un examen de rédacteur de contentieux à l'Urssaf. Je ne m'arrêterai pas là.

20

Retour aux sources!

«Je devais être dotée d'une volonté de fer!»

Enceinte, j'allais à la piscine pour nager; mes petits mis au monde, je n'ai pas ressenti le besoin de faire de la compétition. Laurence et Julien avaient 9 et 7 ans quand j'ai vraiment recommencé à nager et repris goût aux compétitions. Je me suis de nouveau entraînée, multipliant les longueurs en piscine, boostant ma vitesse et développant ma résistance. Notamment. À cette époque, le problème provenait du manque de moyens: je n'avais pas d'entraîneur attitré. Je me débrouillais toute seule, Louis venait régulièrement me chronométrer. Quoi qu'il en soit, je devais être dotée d'une volonté de fer!

Cette volonté qui se mêlait au fil rouge de mon existence. Constamment.

La rage de la gagne me reprenait; mais, cette fois, elle possédait deux têtes: celle du savoir (j'adorais passer des examens) et celle des médailles…

J'avais beau être embarquée dans une course de vitesse, cela ne m'empêchait pas d'être lucide: mon couple buvait la tasse.

Jamais, avec Louis, nous ne nous sommes disputés au sujet de l'éducation de nos enfants; et d'ailleurs ils étaient très attachés à leur père. Je constatais néanmoins que notre différence intellectuelle nous portait préjudice. Je me montrais de plus en plus exigeante quant à nos échanges, et force est de constater qu'ils étaient bien pauvres. Louis s'en énervait, et je sentais que, même sur le plan de la natation, une pointe de jalousie surgissait parfois chez lui. Une tension épaisse s'installa entre nous.

La reprise de mes entraînements a eu pour conséquence très rapide de me faire participer de nouveau aux compétitions régionales, puis nationales. Très vite, j'ai été repérée par le directeur sportif de la natation, qui m'a invitée à rejoindre des stages nationaux avec l'équipe de France (en 1986-1987).

Comme un murmure, on évoquait les Jeux de Séoul, fixés en octobre 1988. J'en ai fait une ligne de mire et je suis devenue pareille à un poisson enragé. Je faisais tout pour ne pas y croire. J'ai tenté de prendre de la distance avec cet événement, car je devais franchir une étape de taille : être sélectionnée.

Sélectionnée pour les Jeux de Séoul !

En juin 1988, le Championnat de France se déroulait à Brest. Je terminai 2e au 100 mètres nage libre.

Après le championnat, tous les candidats (dont j'étais) étaient regroupés dans une salle. Quand le directeur sportif est entré, il a croisé mon regard, et j'ai compris que j'étais sélectionnée pour Séoul ! Et pourtant je ne comptais pas parmi les favorites !

Quand mon nom a été prononcé, je crois bien que j'ai pleuré…

J'ai téléphoné à ma mère, puis au président de mon club. J'ai ri avec les autres sélectionnés. J'étais tellement fière et heureuse que je me suis alors rendu compte que j'avais oublié d'annoncer cette excellente nouvelle à Louis.

À cet instant, j'ai intégré l'évidence que nous devions nous séparer. Pas tout de suite, je voulais attendre que les enfants grandissent un peu ; ce qui n'empêchait pas d'aménager notre relation. C'était ce que je me disais, ce jour-là.

21

Mes médailles à Séoul !

« Je n'étais plus prisonnière de mon mental, je nageais, retrouvant une joie excitante et calme à la fois. »

Voilà, j'étais sélectionnée ! Après l'émotion, un sentiment d'euphorie totale m'habita et ne me quitta plus.

Afin que je sois en pleine forme pour rejoindre les championnats de Brest, le président de mon club m'avait offert le Marseille-Brest en avion (je jubilais !). Cependant, pour ne pas grever le budget, je devais effectuer le retour en train, et le trajet était long… Pourtant, avec la joie au cœur d'avoir été sélectionnée pour les Jeux paralympiques de Séoul, je m'enfonçais dans un rêve où les heures n'existaient presque plus.

J'avais mon sésame en poche. Mon président et moi avions pris rendez-vous avec le service des Sports de la ville pour négocier tous les jours des créneaux horaires de piscine. Il fallait que je fasse honneur à ma sélection, que je sois à la hauteur de ma réputation et que je ne déçoive pas mon entraîneur de l'équipe de France – dont les galons étaient aussi en jeu, et qui, surtout, me donnait toute sa confiance.

Quelques précisions, néanmoins. Dans ces années-là (les JO de Séoul ont eu lieu en 1988, et les Jeux paralympiques à leur suite), le paralympisme faisait figure de parent pauvre dans le sport. Nous n'étions qu'aux prémices d'une réelle reconnaissance. Cependant, la mairie était consciente de la chance que je représentais, et m'octroya le créneau du grand bassin de la belle piscine de Luminy, de 19 à 21 heures. Un bassin idéal de 50 mètres, dont j'ai savouré toutes les possibilités ; et encore davantage durant les vacances scolaires d'été où j'avais la piscine pour moi toute seule (la tristesse de mes étés à Pomponiana était bien loin).

La victoire alors me prenait toute la tête et tout le corps. J'étais Guislaine, et je nageais, et je nageais, retrouvant à chaque mouvement le plaisir et la rage de vaincre, enveloppés dans une combinaison de zénitude non étanche. Je vivais JP, je respirais JP, je bougeais JP ; en un mot : j'avais le bonheur JP.

Un entraînement à peine croyable

Je vivais un bonheur communicatif : tout le monde me prêtait attention et avait l'air de chanter avec moi.

Je m'entraînais tous les soirs, avec un petit inconvénient qui aujourd'hui me fait encore rire. À cette heure de la journée, je n'avais ni accès aux vestiaires ni à l'éclairage ; et donc, au début de l'automne, quand la nuit tombe vite, je nageais dans le noir ! Un copain, Azzedine, sélectionné pour le Maroc, venait me rejoindre régulièrement. À deux, nous nous encouragions, nous avions plus d'audace, sans doute, et l'ambiance était beaucoup plus drôle. Il faut dire – mais qui nous croirait aujourd'hui ? – que les conditions d'entraînement étaient croquignolesques ! Je recevais le programme d'entraînement par courrier ; les textos et Internet n'existaient pas encore, et mon entraîneur habitait en Normandie ! Pour les séries chronométrées, c'était Louis qui se faisait maître en la matière.

Il notait nos temps, mais, comme le bassin était grand et non éclairé, mes deux enfants, qui se tenaient à l'autre extrémité du bassin, lui signalaient notre arrivée. Et Louis marquait les minutes et les secondes, en donnant parfois son avis sur les progrès à faire et les améliorations à apporter. Certes, le tout prenait une allure artisanale, mais cela avait le mérite d'exister et nous faisait bien rire ! Sortis de la piscine, nous nous sentions tout légers et bourrés de dopamine ! Par bonheur, cet été-là, j'ai bénéficié de stages de l'équipe de France de grande qualité, me permettant de rencontrer les autres membres de l'équipe et de créer des liens, car l'échange était et reste indispensable.

La reconnaissance, enfin !

Pour la première fois, en 1988, les JP s'étaient tenus dans les mêmes lieux que les JO, et font ainsi partie des dates à retenir dans l'histoire des JOP. Pour cette génération-là – et cela à tous les niveaux, participants ou non, sur place ou pas –, le souvenir qu'elle en a gardé est formidable. Seule ombre au tableau : le scandale du dopage du sprinteur Ben Johnson (record du monde du 100 mètres), obligé de rendre sa médaille d'or qui fut alors donnée à Carl Lewis, dont nous ne connaissions pas encore le chemin fabuleux qu'il tracerait.

En 1988, on remarqua les escrimeurs. Cependant, l'événement fut la consécration du paralympisme. 1988 révélera son organisation, ses exploits et surtout sa modernité. À partir de cette date, les escrimeurs furent universellement reconnus. Une nouvelle génération de sportifs émergea.

Une chose essentielle se passa aussi : les épreuves sportives paralympiques se déroulaient, pour la première fois, dans le lieu identique des JO, avec les mêmes structures, un gage de reconnaissance et de fierté. Mais un village paralympique avait été construit spécialement pour nous et nous logions dans l'équivalent de 10 immeubles divisés en 1 366 appartements !

De nombreuses épreuves avaient dû être annulées par manque de compétiteurs, mais la crédibilité des JP était assurée internationalement, et son niveau s'était avéré nettement supérieur aux fois précédentes.

Les JP avaient devant eux un autre avenir, et j'en faisais partie !

Juste avant le départ pour Séoul, nous avons eu un dernier stage de préparation où nous avons commencé à intégrer le décalage horaire (7 heures), afin d'arriver sur place déjà un peu habitués. Nous avons eu droit à la distribution des tenues de l'équipe de France : survêtements, tenues de village, shorts, tee-shirts, etc. Le nombre de vêtements fournis à l'époque n'avait rien à voir avec les dotations d'aujourd'hui ; mais nous, nous étions fous de joie.

Joie : un mot que j'ai beaucoup répété pour ces Jeux, et que je répète encore avec le sourire d'un œnologue qui reconnaît un excellent millésime.

Au départ pour Séoul (ce nom qui engrangeait tous mes rêves), l'équipe de France était répartie en deux vols. Les nageurs et d'autres disciplines voyageaient avec Air France, les autres avec Korean Air. Nous, nous étions plutôt contents, même surexcités. N'étions-nous pas les héros et héroïnes d'une aventure qui avait déjà commencé ?

À l'arrivée à l'aéroport de Séoul, l'aventure prit un tournant d'ennui : nous avons attendu des heures et des heures pour nous faire accréditer. Notre photo était obligatoire sur notre badge et, après vingt heures de vol, nous n'étions pas très en forme – nos visages en témoignaient bien, la photo encore plus !

La découverte des lieux où nous allions montrer nos performances, le village où nous allions vivre, et la gamme de sentiments et de sensations qui ébranlait toutes les équipes nous transportaient dans un autre univers.

Puis ont commencé les entraînements biquotidiens avant la cérémonie d'ouverture. Trois heures avant l'heure prévue, les organisateurs nous ont emmenés dans les coursives du stade où elle devait se dérouler. Il y avait là tous les pays participants. C'était génial, on se mélangeait, on échangeait des pin's, on jaugeait nos adversaires, mais nous sentions battre nos cœurs par le défi que chacun devait remporter, et par les émotions qui nous imprégnaient.

La cérémonie d'ouverture

Autre univers qui se confirma le 15 octobre, jour de la cérémonie d'ouverture des Jeux paralympiques, en présence du prince impérial Akihito, de la princesse Michiko, et aussi du président de la République de Corée du Sud.

Sous le drapeau coréen, dont la signification est essentielle, toutes les délégations ont défilé, ainsi que tous les participants – qu'ils aient été athlètes ou cadres. Moment très marquant. 70 000 spectateurs occupaient les gradins et nous accueillirent dans des clameurs qui nous ont pris aux tripes et procuré un grand sentiment de fierté. Je me souviens d'avoir eu le temps de me dire : « *Ma petite Guislaine, après tout un chemin loin d'être facile, tu es déjà arrivée là. Et tu le mérites.* » Cela renforça la confiance en moi. Ce qui, avant une compétition, est de bon augure !

Cependant, la cérémonie était menée sous le signe de la détente, et le maître mot était « harmonie ». Ne pas oublier que nous étions en Extrême-Orient ! Le régisseur de ce spectacle souhaitait montrer l'Éveil de l'humanité, qui apporterait la paix dans le monde. Plus tard, on nous expliquera – car nous n'étions en général pas très au courant de la philosophie orientale – que la cérémonie d'ouverture symbolisait le yin et le yang (nous n'étions pas du tout habitués à ces termes, dans ces années-là !), version coréenne du zen.

Nous avancions par pays. Et, quand j'ai revu le film de cet événement, j'ai eu l'impression que nous formions de grandes vagues en mouvement. Je me rappelle un océan de couleurs bleu, rouge et jaune, d'oriflammes menant à une immense stèle qui racontait que le ciel, la terre et l'homme étaient nos valeurs ancestrales et fondamentales.

Médaillée !

Les compétitions de natation ont débuté dès le lendemain de la cérémonie. Chacun d'entre nous a pris son rythme de croisière, avec un réveil de bonne heure et un petit-déjeuner consistant, puis un départ pour la piscine. Mes épreuves avaient lieu quelques jours après, et la tension était de plus en plus palpable.

Le jour J, je suis entrée dans la chambre d'appel avant la course. Il fallait vraiment que je fournisse des efforts pour me concentrer sur ma respiration et mon lâcher-prise. J'étais liquéfiée, angoissée au maximum. Aujourd'hui, il y a un préparateur mental permettant aux athlètes de pallier le stress – j'en aurais eu bien besoin !

Départ de la course du 100 mètres nage libre. J'ai plongé et, tout à coup, j'ai été libérée de mon stress, de ma charge émotionnelle. Je nageais, je n'étais plus prisonnière de mon mental, je nageais, retrouvant une joie excitante et calme à la fois. J'avançais dans le bon mouvement. Au virage de la course, j'ai senti que j'étais bien placée. À l'arrivée, j'ai regardé le tableau et j'ai vu mon classement : deuxième. J'étais deuxième et… heureuse ! Je n'aurais pas pu être première, je n'éprouvai donc pas de regrets.

Je suis sortie de l'eau. Le directeur sportif, Pierrot, m'a rejointe. Et là, j'ai éclaté en sanglots de joie, de lâcher-prise, tandis que lui me murmurait à l'oreille : « Arrête, tu fais pleurer tout le monde ! » J'avais ma médaille d'argent !

Deux jours après, nous allions nager un relais 4 fois 100 mètres 4 nages. Moi, je nagerais le papillon. Notre relais a fini troisième, c'était inespéré. Médaille de bronze ! Joie encore et fierté. Mais la fierté d'avoir bien exécuté une tâche, d'avoir gagné, est naturelle, non ?

La fin des Jeux s'est déroulée dans une ambiance magique. Ceux qui avaient terminé leurs compétitions pouvaient se promener, le matin, dans Séoul. Nous furetions alors dans les boutiques. Quel plaisir j'ai eu à acheter, pour mes gosses, des tee-shirts où étaient cousus leurs prénoms (on n'en voyait pas encore en France), et un pyjama de soie très élégant pour ma mère. L'après-midi, nous devions tous être présents à la piscine pour encourager ceux qui étaient en finale.

Les Jeux s'achevèrent en apothéose. Et, les compétitions terminées, nous avons pu faire encore des achats, et je revins les bras chargés de cadeaux. C'était agréable de jouer à la Mère Noël avant l'heure…

Cependant, il y eut un hic (il en faut toujours un)... L'avant-dernier jour avant la cérémonie de clôture, avec plusieurs nageurs, alors que nous rentrions du centre-ville, j'ai oublié mon sac à dos, avec tous mes papiers, dans la voiture qui nous avait pris en stop. Gros moment d'angoisse. Le staff a pris les choses en mains, et j'ai dû partir pour l'ambassade de France afin de faire refaire mon passeport. Comme il était tard, j'ai dormi sur place ! Et, miracle, dès le lendemain matin, j'ai appris que le chauffeur de la fameuse voiture avait rapporté mon sac avec toutes mes affaires. Il ne manquait rien. Il y avait même plus, parce que j'avais dépensé toute ma monnaie coréenne (won) et que, craignant peut-être d'être soupçonné d'avoir volé quelque chose, l'homme avait ajouté des billets dans mon porte-monnaie. Je regrette de ne pas l'avoir rencontré pour le remercier. Je sais, en revanche, que l'équipe lui a donné des tee-shirts et autres cadeaux. Je le remercie encore aujourd'hui.

Le retour fut un peu compliqué. La France (et Air France, de fait) était en proie à des mouvements sociaux. Nous attendîmes un avion pendant plus de vingt-quatre heures après le départ prévu.

L'arrivée à Marseille, pour mon collègue pongiste et moi, se fit dans la plus grande discrétion : pas de foule en liesse pour nous accueillir, pas de médias. Le paralympisme était plus que confidentiel, il n'était pas médiatisé. Peu importait, nous venions de vivre une belle aventure, et nous avions remporté des médailles. Quand je pense encore aujourd'hui aux conditions de nos entraînements, cela me semble aussi incroyable que joyeux. Pour mes enfants, j'étais une héroïne – c'était énorme !

Mon retour à l'Urssaf a été un peu plus fêté. Le personnel était également en grève ; et, lors des assemblées du personnel, les délégués me mentionnaient à chaque fois. Et je dois dire que, chaque fois que l'on m'arrêtait dans les couloirs pour me féliciter, je recevais une sacrée dose de plaisir et d'adrénaline.

Le drapeau coréen

Il est blanc, avec en son centre un disque rouge et bleu figurant le yin et le yang. Autour du disque, disposés en diagonale, quatre trigrammes tirés du Yi-King (mutations) avec chacune des forces opposées. Ensemble, cependant, ils expriment le mouvement et l'harmonie.

22

Passion amoureuse

« Quoi qu'il en soit, je suis heureuse
d'avoir vécu cette folie. »

En 1991, Louis et moi étions séparés depuis deux ans, et je vivais avec mes deux enfants dans un appartement situé au-dessus de celui de ma mère ; ce qui, sur le plan de l'organisation, était très pratique et me procurait beaucoup de tranquillité. Ma fille et mon fils étaient les prunelles des yeux de ma mère ; et leur père, Louis, les prenait un week-end sur deux ou était présent à la maison s'il le fallait, quand maman par exemple ne pouvait pas s'en occuper. Louis avait retrouvé une compagne, et nos relations s'apaisaient, éloignant les instants de haine, de reproches et d'agacements.

Je me sentais bien, je me sentais libre.

J'avais arrêté la compétition, mais j'étais déjà formée pour devenir entraîneure. Le directeur sportif, Pierrot, toujours lui, m'a alors retenue pour encadrer un groupe de l'équipe de France lors du Championnat d'Europe de paranatation à Barcelone en 1991, un an avant les Jeux.

Nous étions quatre cadres, et c'est dans cet environnement que j'ai mieux connu Jean. Il était, kinésithérapeute de l'équipe. Professionnellement, il travaillait dans un centre d'enfants handicapés. Je l'avais déjà croisé lors de rencontres nationales ou de réunions.

Jean et moi, nous nous sommes rapprochés en 1991, nous intéressant l'un à l'autre, unis par une passion commune : le sport, et particulièrement la natation. Un jour, nous avons sauté le pas… Et l'attirance que nous éprouvions l'un pour l'autre s'est transformée en passion. Une passion dingue comme les passions, cet « éclair dans un ciel bleu », ai-je souvent entendu pour la définir. Deux aimants dans le mystère propre à l'amour.

Il devint TOUT pour moi : mon homme, mon amoureux, mon amant, mon ami, mon complice.

Il était séparé de la mère de ses deux enfants, du même âge d'ailleurs que les miens – un excellent présage…

Le centre d'enfants handicapés pour lequel il travaillait était situé à Dunkerque. À ce moment-là, j'étais en formation à Paris (je raconterai cela plus tard). Un week-end sur deux, quand Louis avait la garde de nos gosses, je montais à Dunkerque, ville que j'ai vraiment appréciée, ainsi que sa région. La chanson d'Enrico Macias sonnait juste : « Les gens du Nord ont dans le cœur le soleil qu'ils n'ont pas dehors… » J'embarquais pour une grande histoire d'amour, un vrai big-bang dans ma vie, qui m'avait fait atterrir dans une oasis que je nommai « Bonheur absolu ».

Je ne m'attendais pas à Jean, je ne m'attendais pas à nous. Peut-être que les années à Pomponiana et leur suite difficile, mon divorce avec Louis, m'avaient empêchée d'imaginer une telle joie, une telle osmose. Autant ma vie sportive m'avait donné confiance en moi, autant mon rôle de maman me transportait toujours, autant ma vie affective avait révélé chez moi une bonne dose de vulnérabilité. Je sentais en lui une admiration à mon endroit quand il regardait mon parcours et mes médailles, notamment celles de Séoul. Et j'avais l'impression que son regard me guérissait de tous mes maux.

Jean était beau, intéressant et rassurant. À mon image, il était dans le mouvement. À mon image, il était dans la vie. En un mot, il cochait toutes les bonnes cases. Je n'ai pas avancé vers lui avec prudence; de toute façon, je suis une affective, et quoi qu'il en soit je ne l'ai jamais regretté.

Après avoir vécu ensemble dès 1992, nous nous sommes mariés en 1997 à Marseille, où il avait retrouvé un poste de kinésithérapeute. Nous vivions avec mes enfants, qui s'entendaient bien avec lui. Et, cette fois, ma mère s'était abstenue de me conseiller de ne pas me marier: elle l'appréciait.

Ensemble, nous étions de tous les déplacements et stages de l'équipe de France de natation. Il était toutefois important pour nous que notre couple ne soit pas ostensible; au contraire, nous nous attachions à ne rien laisser paraître. Évidemment, cela s'est su, malgré notre volonté de rester discrets. Ensemble avec l'équipe nous avons parcouru le monde, ne voyant que les piscines (ça me fait rire de dire cela); mais peu importe, nous avions un aperçu des pays étrangers, comme la Nouvelle-Zélande, Sydney, Atlanta, Mar del Plata, etc. C'était un peu frustrant de ne pas avoir le temps de visiter, mais chaque fois nous nous faisions la promesse de revenir en touristes.

Nous partagions les mêmes idées, les mêmes objectifs; ce qui renforçait notre lien. Et, qui plus est, nous nous aimions. Profondément. Je plongeais dans un idéal mythique!

Nous vivions la même passion pour la natation, nous en parlions du matin au soir, je pense que nous avons dû un peu saouler les enfants. Comme nous étions bénévoles tous les deux à ce moment-là, pour pouvoir partir en stage d'équipe de France ou en compétition, il fallait bien que nous économisions nos jours de congé sur nos activités professionnelles respectives. Aussi, il n'était pas rare que, durant l'été, les enfants partent deux mois en colonie. J'allais les voir à l'inter colo, et c'était vraiment un moment privilégié pour moi. J'ai récemment demandé à Laurence si elle avait souffert de mon investissement dans une passion dévorante. Elle m'a répondu que, n'ayant rien vécu d'autre, c'était naturel pour elle. Je crois que c'est la qualité plus que la quantité du temps passé auprès de ses enfants qui est importante. Mais je ressens une énorme gratitude pour mes enfants, qui ont toujours témoigné beaucoup de bienveillance à mon égard. Je suis tellement fière d'eux.

Je ne perdais pas de vue la poursuite de mes études, ni ce qu'elles m'avaient apporté et continuaient de faire.

Côté sportif, j'avais déjà passé les brevets d'État. J'avais soif d'apprendre, une soif quasi insatiable ; aussi m'étais-je décidée à m'inscrire à la faculté des sciences du sport, entraînant Jean dans cette aventure. Avec son background, il a été accepté en maîtrise entraînement et performance motrice ; et moi, en licence. Il a décroché ses examens en deux ans ; et moi, en un. Je l'ai donc vite rejoint en maîtrise, niveau qui apportait une qualification supplémentaire pour réaliser mon rêve : être entraîneure. Avec l'Urssaf, j'avais plus de possibilités que lui de suivre les cours. Du coup, pour ceux qui étaient importants et auxquels il lui était impossible d'assister, je les prenais pour deux. Là encore, nous étions à l'unisson.

Jean se lassait d'être kiné, il souhaitait devenir directeur sportif de la natation ; le souci était que, pour ce poste, une seule place était proposée… J'ai dit : « D'accord, elle est pour toi. » Je ne sais pas si cela m'a déchirée, puisqu'il prenait le poste que je désirais moi aussi et qui m'aurait fait quitter l'Urssaf, mais je l'aimais. J'ai toujours tendance, quand j'aime, à faire passer l'autre (Jean, par exemple) ou les autres (mes enfants) avant moi. Mais, même si j'étais très heureuse, j'avais conscience que j'avais lâché quelque chose auquel je tenais ! « Détail » important s'il en est : Jean devenait ainsi salarié, alors que depuis des années lui et moi étions bénévoles dans le sport.

À la maison, les enfants terminaient tant bien que mal leur cycle lycéen ; bientôt, ils décrocheraient leur bac. La fille de Jean demanda à venir habiter avec nous. Je l'accueillis avec plaisir et, de cette manière, je me déculpabilisais d'imposer à mon mari l'éducation de mes enfants. Nous étions désormais cinq dans notre nid.

Ai-je laissé un sacré trou d'air quand j'ai fait mon nid ? Ai-je été si aveuglée par mon amour et ce bonheur familial ?

Je n'ai jamais connu le sentiment de jalousie, je n'ai jamais voulu brider qui que ce soit, je suis bien trop attachée à la liberté d'autrui. Une autre femme a posé son regard sur lui, et Jean a fini par le croiser et s'y attarder. Ce n'était pas juste un coup d'œil... J'étais si sûre de notre relation solide, de notre incroyable complicité que je n'ai pas voulu y prêter trop attention. Je me suis trompée. Nous ne devons jamais être « certains ». Personne ne nous appartient, et tout le monde peut nous faire une belle surprise ou un sale coup...

Finalement, ce que je ne redoutais pas est arrivé. Fidèle à moi-même, je ne me suis pas « accrochée » ; l'orgueil, toujours l'orgueil, je devais me montrer au-dessus de « ça ». Puisque l'envie de Jean était d'aller vivre une autre expérience, j'ai laissé faire.

Mon manque de pugnacité dans ce cas précis m'a été reproché par sa famille, notamment. Peu importait, c'était mon mode de fonctionnement.

Dire que je n'ai pas souffert serait mentir, j'ai cru que j'avais atteint le sommet ultime de la souffrance. Hélas non, la vie s'est chargée de me démontrer qu'en termes de douleur il y a toujours pire.

Durant ces années difficiles, j'ai pu compter sur l'aide de mes proches, ma famille (avec plus ou moins de délicatesse), mes amies et même ma belle-famille.

Bien sûr, j'ai rêvé à une possibilité de retour en arrière, ça arrive. Pas pour moi, ce n'est pas arrivé.

Malgré cette séparation, nous avions chacun notre rôle au sein de la natation, que nous avions avant de nous rapprocher. Il était donc normal que nous les gardions. Nos échanges sont devenus professionnels et uniquement professionnels. Nous retrouvions, à la seconde, nos automatismes et notre complicité sur ce plan-là. J'avais gardé malgré tout mon admiration pour son professionnalisme, à l'époque.

Nous nous sommes côtoyés ainsi. Nous n'avons jamais abordé notre vie personnelle, à mon grand regret, mais il est vrai que les lieux ne s'y prêtaient pas. J'aurais bien voulu quand même, ses mots sur mes maux m'auraient été bien utiles.

Puis en 2005, considérant sûrement que cette situation était insupportable pour lui et pour sa nouvelle conjointe, Jean a tenté de m'exclure de la natation une première fois. Mais la solidarité sportive s'est agrégée autour de moi. Des années plus tard, il y est parvenu, quoiqu'il fût temps pour moi de passer à autre chose, ce que j'ai fait... Je vais m'arrêter là pour les dégâts. Il y a des choses qui ne se réparent pas, il faut compter avec le temps qui passe. C'est tout le phénomène du pardon qui se joue : pardonner n'est pas oublier, mais ça rend la vie plus fluide. Nous étions loin de ces constats ; en tout cas, en ce qui me concernait.

J'étais restée pantelante bien longtemps, trop sans doute, et j'avais perdu 18 kg.

Que s'était-il passé pour lui ? Pour moi ?

Je devais, cependant, reconnaître une chose : il m'avait fait savourer un bonheur intense dans lequel j'avais mordu à pleines dents et dont mes papilles avaient gardé le goût. Pour cela, juste cela, il devenait urgent de fermer le livre.

Il se referma sans s'être jamais vraiment refermé, puisque avoir passé dix ans avec Jean a compté, et compte toujours ; ce n'est pas rien, dix ans… Mais la vie parfois ne manque pas d'humour… Quand j'ai été élue et nommée présidente de la Fédération française handisport, en 2018, lui qui m'avait virée de la natation me retrouvait face à lui comme sa présidente…

Bien avant cet épisode, j'avais décidé de sortir de cet enfermement de chagrin. Il était urgent de reprendre mes réflexes de survie, ne serait-ce que pour mes enfants et aussi pour moi. J'avais traversé de telles épreuves que je sentais dans mes profondeurs resurgir mon envie de vivre, comme lorsque j'étais petite et que j'avais décidé, sans le savoir, de me battre. J'avais besoin de donner un autre sens à mon existence. Un sens profond. Je ne savais pas encore lequel, je le sentais simplement.

Cette passion avait été une folie, et je vivais une autre folie : celle qui nous pousse à vivre et nous rend à notre condition universelle d'êtres humains. Quoi qu'il en soit, je suis heureuse d'avoir vécu cette folie.

23

Entraîneure : mon rêve réalisé !

« Je voulais rendre à la natation
tout ce qu'elle m'avait donné. »

Je n'avais pas 30 ans, quand j'ai décidé de mettre un terme à ma carrière de nageuse. J'estimais que mon corps n'avait plus les mêmes capacités, qu'il répondait moins bien à mes objectifs. C'était un choix très personnel, car d'autres nageurs et nageuses continuent, une fois devenus quinquagénaires.

Avec mes diplômes décrochés à la faculté des sports et mes médailles à Séoul, j'ai enfourché de nouveau le cheval « études » pour devenir entraîneure chez Handisport. Il m'était possible de choisir un club ordinaire (sportifs valides), mais il me paraissait naturel, évident, cohérent, de préférer la para-natation à Marseille.

Depuis toujours, la transmission est une valeur fondamentale pour moi. En devenant entraîneure, je voulais rendre à la natation tout ce qu'elle m'avait donné. Une fois de plus, je fus bénie, puisque les instances m'attribuèrent un groupe de l'équipe de France. Pendant environ dix ans, j'ai été son entraîneure – une vraie joie sportive et humaine. Durant cette période, ma motivation est restée intacte, et je ne voulais pas quitter la natation, malgré les difficultés qui ont surgi sur mon chemin, comme dans tant d'autres métiers. Quoique, attention : j'ai toujours conservé le statut de bénévole. Aujourd'hui, je percevrais un salaire ; il n'en était pas question à l'époque, ce n'était pas possible pour la Fédération.

Je devais entraîner cinq ou six nageurs et nageuses (le groupe était mixte, et je l'ai animé longtemps). Pour cela, je me devais de posséder des qualités essentielles tout en étant consciente qu'en tant qu'entraîneure féminin je l'abordais d'une manière différente de mes collègues masculins qui riaient parfois de ma tendance à les materner… Mais la victoire de mes athlètes, c'était aussi ma victoire ; comme l'était celle de l'entraîneur au quotidien absolument indispensable. J'ai d'ailleurs une haute opinion des entraîneurs au quotidien. En fait, nous sommes tous des coacteurs.

Je n'irai pas par quatre chemins, être un bon entraîneur exige une qualité fondamentale qui, à mes yeux, surpasse toutes les autres : la disponibilité. À tout instant.

Bien sûr, il faut ajouter la compétence, la technique, l'habilité qui souvent se combinent avec la technique, la passion et l'empathie. Un entraîneur doit tout gérer : le côté sportif et le côté humain, avec les événements qui peuvent arriver à chacun d'entre eux et les perturber ; en un mot, leur psychisme. Surtout dans ces années-là où les préparateurs mentaux n'existaient pas. Je devais toujours tenter de trouver une solution. Et si, par exemple, un athlète avait des soucis, il était important pour moi de prêter une oreille attentive à ses problèmes, notamment plus personnels, car les « handis » sont souvent dotés d'une sensibilité particulière, voire exacerbée. Il y avait aussi une règle qui existe toujours : éviter les conflits dans le groupe. Avec le stress qui habite les sportifs, les énervements sont susceptibles de se multiplier. Faire régner une bonne ambiance à travers un sentiment d'appartenance à l'équipe, nourrir leur envie de victoire, et veiller à la bonne communication entre eux ; auxquels s'ajoutent les instances sportives et administratives, ainsi que les officiels, sans oublier leurs familles – ce n'est pas rien !

L'entraîneure que j'étais avait fixé deux objectifs : la performance de mes nageurs, et leur épanouissement. À mon poste aujourd'hui et avec tout mon vécu personnel, je sens encore cette envie-là ; elle me sauve la peau, les soirs de grand cafard.

J'avais donc ma petite équipe que je retrouvais pendant ses stages, à raison de trois ou quatre par an, et lors des périodes de compétition, dont une surtout était très importante : les Jeux paralympiques. Comme j'étais bénévole, autant dire que j'y ai sacrifié tous mes congés.

Il est impératif de savoir que l'on ne change rien à la dernière minute dans la technicité d'un nageur (ses progrès se font lors de ses entraînements quotidiens). Mon job consistait à échauffer mes athlètes, à m'adapter à leur façon de nager, à corriger leur allure de nage, à leur faire travailler leur vitesse ou la manière d'appréhender les virages. Je donne un exemple concret pour mieux comprendre. Voici les questions que doit se poser chaque nageur sur un 100 mètres aller-retour : dois-je partir vite, ou pas trop, justement ? Le travail de l'allure de course est très important, la stratégie dépend beaucoup du nageur et de la connaissance qu'il a de ses concurrents. Certains nageurs arrivent avec un plan de course, alors que d'aucuns subissent la course. D'autres questions : dois-je regarder mes adversaires ? Me mettre dans la vague du précédent pour en profiter et le dépasser ? Etc. Toutes ces interrogations étaient vues et revues avec moi. J'étais là pour affûter leurs performances et bien sûr les accompagner, surtout en ne les cassant pas. J'avais remarqué deux phrases phares, véritables déclencheurs d'adrénaline et que j'utilisais constamment : « On ne lâche rien ! » et celle que nous adorions tous et toutes tant elle nous faisait rire, tirée du film *Les Bronzés* : « Oublie que tu n'as aucune chance, fonce ! » Par tout ce travail, cette disponibilité que j'évoquais à l'instant, j'ai fondé leur confiance en moi, et s'ils ont décroché des médailles, moi j'ai reçu des cadeaux : leurs joies. Mais je n'ai jamais oublié que tout le mérite revient à leurs entraîneurs de club, quand ils en avaient un.

Ainsi, celui de Ludivine, qui était née avec une agénésie de bras et de jambe et avait rejoint la Fédération handisport en 1992. En 1993, elle faisait partie d'un club lyonnais, elle était déjà membre de l'équipe de France dont je m'occupais. Aux JP d'Atlanta, elle a remporté plusieurs médailles, dont une en or.

Lorsque, des années plus tard, pour des raisons professionnelles, elle a rejoint Marseille, j'étais ravie ! J'ai pu négocier ses entraînements quotidiens avec un entraîneur formidable : Éric Gastaldello. Il entraînait des nageurs valides à Istres.

Il est une coutume, lancée en 1996, qui n'a pas varié : les médaillés d'or aux JOP reçoivent la Légion d'honneur par le président de la République. Ludivine devait faire partie de la troupe, alors qu'elle n'était âgée que de 16 ans. Quel choc, quand l'Élysée nous a répondu que Ludivine était trop jeune pour la recevoir ! Le président d'alors de la Fédé, André Auberger, est resté droit dans ses bottes, et a répondu : « Si Ludivine ne peut pas recevoir la Légion d'honneur, alors aucun athlète ne la recevra. » L'Élysée s'est excusé. Ludivine a eu son insigne et sa photo avec Jacques Chirac. Et moi, j'ai reçu mon cadeau : de la joie en barres ! Depuis, nous sommes devenues amies. Après un DESS, elle a occupé un poste de cadre fiscaliste à EDF, et, depuis deux ans, elle travaille au Comité d'organisation des Jeux olympiques et paralympiques

(COJOP) en tant que responsable de l'intégration paralympique, un poste vers lequel tous les regards sont tournés.

Par parenthèse, en termes de compétition, aujourd'hui n'a rien à voir avec hier.

Au bout de dix ans, j'ai décidé que j'avais fait mon temps. J'avais vécu des périodes rudes, comme mon évincement en 2005 – de courte durée – qui m'avait laissé quelques égratignures.

La malle aux souvenirs

Comme je parle de ce poste fabuleux d'entraîneure, ma mémoire s'ouvre à ses souvenirs.

Ceux des Jeux de Sydney en 2000 sont restés parmi les meilleurs. L'organisation était excellente, l'accueil fut incroyable, les athlètes étaient respectés, les conditions optima, les spectateurs nombreux, les cérémonies d'ouverture et de clôture impressionnantes (Kylie Minogue s'était produite). Avec Sydney, les JP ont haussé le niveau, puisque 300 records du monde et records paralympiques ont été battus ! Notamment, une nageuse de mon groupe, Béatrice Hess, qui ne remporta pas moins de 7 médailles d'or, elle était vraiment hors pair. Marie-George Buffet, alors ministre des Sports, montrait un enthousiasme communicatif.

Il y a toujours l'envers de la médaille ; pour les JP, ce fut Atlanta. Tout le contraire de Sydney ; au point que nous étions prêts à boycotter la cérémonie d'ouverture tant nous nous sentions peu pris en considération. Nous avions l'impression qu'ils ne connaissaient rien au sujet. Détail marquant : il y avait une file d'attente incroyable à la restauration ; or chacun sait qu'un athlète doit bien se nourrir, et dans le calme. Ce qui n'était pas du tout le cas. Nous, les entraîneurs, nous avons souvent sauté nos repas pour avantager nos sportifs. À force de scandales, les choses ont évolué.

L'étrangeté des Jeux de Tokyo

Après de multiples discussions, les Jeux ont donc eu lieu à Tokyo en 2021 au lieu de 2020. La constitution de l'équipe médicale était particulière cette fois, les mesures de distanciation étaient renforcées. Nous savions déjà que des complications médicales, avec le stress, la température, le décalage horaire, pouvaient avoir lieu plus que de coutume avec les athlètes (pour certains d'entre eux, le suivi médical est quotidien). À cette date, le Covid-19 s'est invité… L'assistance médicale était aux aguets.

Cette année-là, les taux d'incidence variaient dans les pays participants, et la population japonaise, qui craignait le risque de contamination, n'était pas très favorable à la tenue des JOP. Situation inédite s'il en fut ! Finalement, tel un diagnostic, la décision est tombée : aucun spectateur ne serait présent dans les tribunes ! Avec obligation pour les sportifs de présenter deux tests PCR négatifs dans les quatorze jours avant le départ et durant le séjour, des suivis permanents trop complexes à décrire, avec notamment l'interdiction de sortir du village olympique en dehors des compétitions. La règle : le confinement. Le plus possible. Elle serait appliquée à la lettre. Il y avait un hôtel réservé aux personnes positives. Le défi était difficile d'autant qu'avec le Covid-19 les sportifs se montraient très sensibles ; leur entraînement n'avait pas duré quatre ans mais cinq ! Le fait, pour les athlètes, de ne pas être admis aux compétitions, quasiment à la dernière minute, même s'ils comprenaient la démarche, restait très dur à vivre pour eux.

L'organisation n'était pas toujours simple. Le jour de la cérémonie d'ouverture arriva. Pays par pays, les athlètes ont défilé, ceux du Japon fermant la marche, comme le règlement l'exigeait. Les athlètes ont revêtu des parkas bleu, blanc, rouge. Malgré un stade vide de spectateurs, tous les athlètes ont entonné des hymnes nationaux lors de leur entrée ; leur émotion était palpable.

J'ai fait le déplacement en qualité de présidente de la Fédération, et non plus comme entraîneure. Là où je logeais, une chambre avait été aménagée par le Comité paralympique sportif français, pour que nous soyons un peu ensemble et que nous puissions suivre ces événements à la télévision. J'ai ressenti une grande émotion, moi aussi, à regarder tous ces athlètes qui trouvaient en eux, malgré l'angoisse de l'isolement toujours possible, l'énergie nécessaire pour ce tour de piste, réussir et dépasser leurs performances.

Nous avons récolté 54 médailles, dont 41 pour la Fédération française handisport, dont 11 en or. La joie rayonnait parmi nous, mais ce fut une joie mêlée d'un sentiment étrange inconnu jusqu'ici.

Comment devient-on entraîneur ?

En passant des brevets d'État. Le BEESAN, le brevet d'État d'éducateur sportif 2e degré, suivi d'études à la faculté des sciences du sport.

Inutile, même si cela est peut-être mieux, d'être reconnu comme un excellent nageur. D'ailleurs, Philippe Lucas – qui a entraîné Laure Manaudou des années durant – a toujours affirmé qu'il nageait comme un fer à repasser.

Et l'avantage de ce métier, contrairement aux possibles croyances, c'est qu'il n'y a pas d'âge pour l'exercer, tant que l'on reste compétent.

24

Ma mère, mon miroir

« Elle m'a transmis cette philosophie du "marche ou crève", qu'elle s'est appliquée d'abord à elle-même. »

Ma mère, Dolly, était née en 1925, l'année où s'implanta à Séoul le Parti communiste coréen… Surtout, c'était l'apogée des Années folles, alors que le contexte géopolitique se faisait très menaçant. Les gens sortaient de la guerre 1914-1918, l'heure était à l'insouciance. Arletty n'en était pas à ses débuts, et on fredonnait les refrains de Maurice Chevalier et de Mistinguett. Voilà pour l'ambiance.

Dans la famille de ma mère, la légèreté n'était pas vraiment de mise. Maman, venue au monde à Paris après un frère aîné, sera la grande sœur des trois enfants qui allaient voir le jour. Et dans cette famille modeste, avec ma grand-mère qui élevait pratiquement seule ses enfants, je ne sais pas trop si on avait le cœur à chanter. Ma mère était du genre déterminé. Et même si elle a souffert de la situation, elle ne se rangea jamais au rang des victimes – un trait familial, ou, dirais-je mieux, une signature familiale. Dolly m'a transmis cette philosophie du « marche ou crève », qu'elle s'est appliquée d'abord à elle-même. Je l'ai perpétuée, parce que j'étais convaincue de la justesse de ce principe. Ça me correspondait : soit on sauve sa peau, soit on meurt ou on se crée des maladies – ce qui revient à peu près à la même chose.

Je l'ai déjà dit, il y avait chez ma mère un certain égoïsme – ou du moins l'avait-elle appris, ou plutôt fait sien. Elle aidait à élever cette fratrie et, quand sa propre mère s'éteignit, elle continua le « travail ». Quand la Seconde Guerre mondiale fit rage, des gens lui vinrent en aide, en plaçant ses frères et sœurs dans des familles susceptibles de les loger et de les nourrir. Sauf ma mère. Dolly était déjà trop indépendante, trop adulte pour se plier aux codes d'une famille qui n'était pas la sienne. Elle préféra disparaître dans la nature, afin d'éviter ce plan-là, invivable à ses yeux. Et, comme beaucoup d'autres, jeunes ou moins jeunes, mais pour des raisons différentes des leurs, elle se cacha. Il fallait du cran pour faire ça ; elle l'avait. Influencée par personne. Déterminée, alors que ses frères et sœurs après la guerre travaillaient dans le cinéma, elle choisit la parfumerie. Elle passa son permis de conduire très jeune, sans en parler à personne, pas même à son mari. De même, elle osa demander le divorce à une époque où c'était plutôt le mari qui faisait cette démarche. À ce propos, elle nous disait toujours : « Les filles, gardez un compte bancaire bien à vous. Vous serez toujours indépendantes. » Elle m'assénait ce discours prioritaire pour elle ; et si jamais j'avais une copine à mes côtés, elle le lui tenait aussi.

Cette détermination, elle me l'a transmise aussi. Au sortir de la guerre, son tempérament encore plus affirmé, elle reprit complètement son destin en main, avec deux principes fondamentaux : le fameux « marche ou crève » (qu'elle avait respecté à la lettre !), et l'habitude de garder la bouche cousue.

Nous étions proches ; et pourtant ma mère ne m'a jamais raconté sa jeunesse. À ses yeux, elle n'était pas une héroïne, mais elle ne voulait pas être toxique. « Ça sert à quoi de raconter ses malheurs ? » arguait-elle. Elle se voulait digne, et le silence était d'or. J'en ai gardé quelques stigmates.

Aujourd'hui, étant devenue plus mature, je pense que ma mère ne voulait pas se laisser déborder par ses émotions. J'ai dû le sentir sans vraiment en comprendre le sens. Elle se taisait pour me protéger. Et moi, au fond, j'avais le même désir : la protéger. Par crainte de la perturber, je ne lui ai pas posé de questions. Je le regrette, même si je comprends sa démarche et son besoin de ne pas rouvrir les plaies. Et d'ailleurs, il me faut reconnaître que, même malade, j'ai vécu dans des conditions bien plus favorables qu'elle ; ce qui était son but. Cela dit – et c'est le psychiatre et psychologue Serge Tisseron qui l'explique –, les enfants ne se montrent jamais curieux de la vie de leurs parents, sauf s'ils sont persuadés d'en être responsables à un moment ou un autre.

Elle ne s'apitoyait pas sur son sort ; et, quand je suis tombée malade, elle ne s'est ni plainte ni lamentée. C'était une femme debout. Elle était aimante, j'étais sa merveille, le reste n'avait pas d'importance, à part sa boutique de parfums. Dolly adorait sa boutique, elle était devenue maître en art du parfum, et elle prenait un plaisir immense à conseiller ses clientes sur le choix d'une fragrance. Elle jouait beaucoup à « Dis-moi le parfum que tu aimes, je te dirai qui tu es ». Ça marchait très bien, et elle a fermé son magasin à la fin de l'année 1992, un peu fatiguée sans doute et prise également par les tracas sur sa route que lui fabriquaient les chaînes naissantes comme Marionnaud ou Sephora. Le monde changeait, ma mère – comme beaucoup d'autres – en faisait les frais.

Je n'ai jamais eu de rapports difficiles avec ma mère ; et, comme avec ma propre fille aujourd'hui, il y avait un véritable bonheur à être ensemble. Nous n'avons jamais eu à nous réconcilier, et plus nous vieillissions, plus nous nous rapprochions.

Maman avait cette qualité de savoir qu'elle ne possédait pas la vérité avec un grand V ; ce qui accentue d'ailleurs mon aversion pour les personnes débordant de certitudes. Nous nous téléphonions tous les jours, sans qu'il y ait une symbiose ; ce qui laissait une respiration bénéfique entre nous.

Je regrette, encore une fois, de ne pas lui avoir posé plus de questions. Je ne me suis pas interrogée, à l'époque, sur qui était vraiment ma mère, quelle femme elle était, dans tous les sens du terme.

Pour brosser encore le portrait de son côté inébranlable, il faut que je dévoile un petit secret. Longtemps après son divorce avec mon père, alors que lui avait refait sa vie, ma mère eut un ami qui était célèbre mais marié. Faire la *back street girl* ne la gênait pas, et quand le monsieur lui parla de quitter son épouse pour elle, elle s'y opposa fermement ! Dolly était une « solo », elle ne voulait pas d'homme pour diriger sa vie. Cependant, ils continuaient à se voir régulièrement et très discrètement. Un jour que nous regardions les informations, nous apprîmes au JT le décès de ce personnage. Ce fut un moment de sidération absolue. Puis, ravalant son désarroi et son chagrin, Dolly rejoignit sa boutique. Dans l'après-midi, pour la rassurer par ma présence, j'y passai : elle était en train de vendre un parfum, un sourire plaqué sur ses lèvres. « Marche ou crève, et surtout souris toujours ! » n'avait-elle cessé de me répéter. On y était…

Elle avait toujours eu confiance en moi. « Je savais que tu ferais quelque chose de ta vie », avouait-elle. Elle était très fière et sécurisée de mon poste à l'Urssaf, et elle se réjouissait vraiment de mon parcours sportif. J'avais là un sacré aficionado ! Sa confiance m'a portée. Rien n'est mieux pour un enfant que la confiance que lui donnent ses parents ; elle agit comme un socle sur lequel il s'appuiera toujours. Son socle était de l'or en barres.

Elle a toujours essayé de me protéger, encore et encore, de me conseiller, encore et encore, malgré ma tendance à n'en faire qu'à ma tête. Elle avait perçu les différences trop importantes entre Louis et moi pour que notre couple fonctionnât, mais c'était tout de même avec lui que j'avais eu mes chers enfants.

Quand je me suis mariée avec Jean, elle en a été heureuse. Il était beau, intelligent, structuré ; des qualités qui la rassuraient. Quand il m'a quittée, elle reçut un choc et mesura parfaitement le mien, tentant avec lucidité et douceur de me décrocher de l'attente du retour de Louis dans laquelle j'étais. Elle m'écoutait, me réconfortait, mais n'oubliait pas de me ramener à la réalité.

Être grand-mère la mit en joie ; elle se révéla telle la grand-mère des contes pour enfants : douce, attentive, tendre et très moderne. Laurence et Julien l'adoraient, et elle transmit à Laurence, bien plus que moi, les codes de la féminité !

Nous avions cette intelligence et cette chance d'avoir fait évoluer notre relation en même temps que nous. Détail amusant – s'il peut être considéré comme tel : à la fin de sa vie, elle vivait par procuration. Tous les jours, je passais chez elle, dans son appartement tellement cocooning, où elle m'attendait afin que je lui raconte mes faits et gestes. J'avais l'impression qu'elle entrait dans mon enveloppe que j'avais ouatée pour l'occasion, et ça lui faisait du bien. De son enfance à se cacher pour ne pas être prise et placée dans une famille d'accueil, elle avait gardé un côté sauvage, elle parlait peu et comptait tout aussi peu d'amis. Sa préoccupation était focalisée sur mon bonheur et celui de ma petite famille.

Elle souffrait d'un cancer depuis pas mal de temps, et bien sûr n'en dit rien. Comme toujours. Il me sembla tout de même qu'elle était trop fatiguée et qu'elle dormait beaucoup. J'ai fini par comprendre… Elle ne voulait pas que nous en parlions ; ce qui l'intéressait, c'était ma vie, c'était la vie.

Elle intégra un service de soins qui était, en fait, une unité de soins palliatifs. Pendant ses derniers jours, elle ne pouvait guère parler. Malgré tout, je me suis lâchée en lui disant à quel point je l'aimais, à quel point je la remerciais d'avoir été ce qu'elle avait été avec moi et dans l'existence, quel modèle elle resterait dans mon cœur. Je n'ai parlé que d'amour ; et, même si elle était trop faible pour me répondre, elle me regardait avec cet amour que je lui avais toujours connu. Nous étions parfaitement reliées. J'avais l'impression que mes mots l'apaisaient, j'espère d'ailleurs – elle qui ne craignait rien – qu'elle s'est éteinte sans peur.

Nous avons été souvent en miroir ; et, quand je faisais quelque chose d'important, j'avais toujours besoin de son aval. L'une pour l'autre, nous étions des références. Elle ne m'a pas déçue ; je crois pouvoir écrire que je ne l'ai pas déçue non plus.

Heureusement, ma mère n'a rien connu de la maladie de mon fils – elle qui, en plus, déjà perdu un quelques semaines après sa naissance – (raison pour laquelle je suis née quinze ans plus tard). Le décès de Julien l'aurait beaucoup trop meurtrie.

Je le savais : un jour, nous perdons notre mère, ça fait partie de l'ordre des choses, et pourtant jamais nous n'y sommes préparés. À la mort de ma mère, il n'y a plus eu personne pour m'appeler « ma fille ». J'étais orpheline, j'étais sans filet. Cette fois, je devenais la *mater familias*. Je relèverais le défi, je n'en doutais pas !

La transmission

Dans le miroir, quand je me regarde, vois-je ma mère ? Parfois… La transmission n'est pas que physique, bien sûr ; et dans mon cas elle est bien transgénérationnelle. Ma mère a mis une fille au monde ; mon aînée est une fille ; et l'aînée de ma fille en est une aussi. Contrat honoré ? Au fond, pendant des décennies, j'ai été à la fois mère et fille. Maman a-t-elle été plus mère que femme, ou le contraire ? Ai-je été à mon tour plus femme que mère, ou le contraire ? Ou est-ce que ma propre mère et moi avons été des mères d'amour à l'image de ma fille Laurence pour ses enfants sans perdre cependant ce qui avait été – et est toujours pour moi – la boussole de notre vie : notre autonomie.

Que m'a transmis Dolly ? Ma mère m'a surtout transmis cette conviction : nous les femmes, nous pouvons être des nirvanas d'amour pour nos enfants ; mais plus nous leur apprendrons l'autonomie, plus la magie et la richesse de notre relation jailliront entre nous.

Si nous réussissons à être mères, femmes, et accomplies dans nos activités, bien dans notre peau, en accord avec nous-mêmes, alors – pour rester dans des termes sportifs qui me sont chers – nous pouvons être convaincues que nous avons gagné ou gagnerons le grand chelem.

25

Mon fils s'appelait «Julien»

«Dans ma vie, tout était chaotique, tout était à reconstruire. J'en prenais le chemin. Julien en était la lumière.»

Les fils ne devraient jamais mourir; pourtant, tu es décédé, Julien, ce 23 décembre 2015 à 14 heures, dans une chambre de soins palliatifs de l'hôpital Saint-Joseph à Marseille.

La Terre a dû continuer de tourner, mais moi, je me suis arrêtée, bloquée par cette insupportable douleur. Depuis, d'une façon ou d'une autre, je m'arrête toujours à 14 heures, quelle que soit la forme que prend cet arrêt, car tous les jours, Julien, tu disparais, et je ne me fais pas à ton absence.

Ce fut un moment de chute, d'apnée, d'anesthésie sans doute, car j'ai oublié beaucoup de choses de ce qu'il s'est concrètement passé ce jour-là, à 14 heures, et après aussi. Sauf que toi, tu partais, et que cette fois je n'avais pas réussi à te protéger, à te sauver. Sauf que cette fois, je ne pouvais plus espérer. Sauf que cette fois, ta perte agrégeait ces tonnes de chagrin qui m'écrasaient. Car je t'avais perdu, Julien. Car nous t'avions perdu, nous tous, tes proches, ta femme et tes enfants, ta sœur et les siens, et moi, ta mère.

C'était indicible, faux peut-être, j'aurais tant voulu que ce ne fût pas vrai, croire que rien n'avait eu lieu, que nous allions sortir de ce cauchemar, dans les bras l'un de l'autre.

J'étais une plaie ouverte. Je le suis encore.

Ma lucidité ne s'était pas effacée : je ne me consolerai jamais.

Tu avais 34 ans, une épouse, un fils et une fille toute petite. Laurence, ta sœur, avait aussi des enfants. À la veille de Noël, je n'ai pas voulu priver ces mômes de cette fête dont tout le monde parlait, rappelée à chaque coin de rue. À leur tristesse, je ne souhaitais pas leur ajouter un sentiment de différence ou d'isolement. J'ai donc organisé un réveillon chez moi, le 24 au soir. J'ai même invité la mère de ma belle-fille avec son compagnon. La famille était presque au complet, Julien ! Tu devais en sourire, j'en étais sûre ! « Qu'est-ce qu'elle est forte ! a dit de moi la mère de ma belle-fille. Mais comment fait-elle ? »

La recette est simple : j'ai appuyé de nouveau sur les boutons de mon énergie intérieure, j'ai collé un sourire sur mes lèvres, et j'ai fait comme si… Quand je prends des coups, je fais tout le temps « comme si », ça me sauve.

Les obsèques ont eu lieu le 29 décembre. Il faisait un soleil radieux à Marseille, comment cela était-il possible ?

Je ne dormais plus ou presque. Quand je me réveillais, j'étais dans un bain de larmes, et la réalité venait tout de suite m'éclater en pleine figure : tu étais mort, mon fils. Mais, pour tes funérailles, je me suis tenue droite dans mes bottes, tu me connais…

Il s'est passé aussi une drôle d'histoire pendant cet événement, que je ne peux qualifier de « hasard » ou de « simple coïncidence ». L'Urssaf avait dépêché ma nouvelle directrice pour assister aux obsèques de mon fils. Cette jeune femme était donc dans l'église quand, aux premiers mots du prêtre, elle a entendu le nom de celui à qui l'assemblée était venue dire un dernier au revoir : « Julien Cristallo ». Surprise, elle n'a pas pu s'empêcher de se faire repréciser le nom par la personne assise à ses côtés. Elle était venue assister aux obsèques de mon fils, ignorant que le patronyme sous lequel elle me connaissait n'était pas le même que celui de mes enfants. Julien portait celui de son père. Elle a fait très vite le lien : ce Julien-là, elle l'avait bien connu. Ce Julien-là, pour lequel on célébrait la messe d'enterrement, c'était son camarade d'enfance, de lycée, son bon copain même. Elle fut… choquée. Elle fut prise d'un sacré vertige. Ils s'étaient perdus de vue, Julien et elle, persuadés de se revoir au détour d'un hasard. Voilà que son camarade lui faisait signe avant de disparaître vraiment de nos regards ; ce que les psys, je sais, appellent une « synchronicité » qu'il faut savoir interpréter. Je lui faisais confiance, elle avait compris, elle en était en larmes. Des larmes qu'elle n'arriva pas à stopper. J'imagine qu'elle pensait que c'était injuste de se retrouver ainsi en même temps qu'elle devait remercier je ne sais quelle puissance d'avoir pu être là.

Quand elle me racontait cela, sa voix était émue ; et moi, totalement bouleversée. Comment croire que de tels signes n'existent pas ?

J'en recevrai d'autres… La mort de Julien m'a ouverte à une autre sensibilité, et à une autre conscience des choses, qui m'a beaucoup aidée et m'aide encore.

L'église était pleine à craquer ; et j'étais fière, dans ma tourmente, de voir tout ce monde venu saluer sa mémoire.

Son cousin et l'un de ses amis avaient prévu des morceaux de musique magnifiques, que Julien aimait, pour accompagner le prêtre ; et ses proches ont lu des textes écrits pour lui. Quand, par hasard, j'entends l'un de ces airs à la radio ou à la télévision, j'en ai la chair de poule. Je me mets alors à l'unisson avec mon fils, et mon souffle devenu court se remet à la normale.

Quand tu étais gosse, Julien, je t'apaisais. Maintenant, c'est toi qui m'apaises.

Combien de fois les rôles s'inversent-ils dans la vie ?

Me mettre en pensée avec toi, sentir ta vibration, me rend à la vie.

De toute façon, le 29, le jour de tes funérailles, je n'ai pas pleuré. Cet enterrement n'était d'ailleurs pas larmoyant, tu n'aurais pas aimé ça, mais chaleureux et même drôle quand tes amis ont raconté quelques-unes de tes blagues. Le rire, comme chez moi, faisait partie de ton personnage.

Je n'ai pas pleuré, j'ai juste tremblé intérieurement quand, au passage de ton cercueil, tous et toutes se sont levés et ont envoyé des salves d'applaudissements.

J'aurais aimé que cet instant dure toute la vie. Une vie sans fin. La tienne.

Nous sommes allés au crématorium, et j'ai rapporté l'urne chez moi. De façon matérialiste, tu te résumais à des cendres ; et moi, j'étais en miettes.

C'était difficile. C'était monstrueux. Ta sœur s'était murée dans son chagrin ; ton père était effondré dans un silence implacable ; quant à ta femme, Mélanie, elle faisait ce qu'elle pouvait avec elle-même, ses deux enfants et toi.

Quelques mois plus tard, délicatement, ton épouse m'a fait une demande.

— Guislaine, les enfants ont besoin d'un lieu pour parler à leur père et se recueillir là où il est. Or l'urne se trouve chez toi, ce dont je te remercie. Malgré tout, il serait peut-être temps de choisir un endroit, au cimetière par exemple. Est-ce que cette perspective t'ennuie, te pose un problème ?

— J'accepte, ai-je répondu tout de suite, à condition qu'au columbarium, dans la place réservée à julien, nous puissions y mettre l'urne de ma mère. Ils seraient côte à côte, il y aurait là quelque chose de réconfortant, et surtout de sacré...

Le jour où nous avons transporté les urnes, j'ai cru que nous tournions dans un film d'humour noir. Toute ma petite famille était réunie ; et mon gendre, Ange, l'époux de ma fille, Laurence, allait en quelque sorte être le maître de cérémonie. Nous avons d'abord retiré l'urne de ma mère au cimetière Saint-Pierre, puis nous nous sommes rendus au cimetière de Mazaugues, où Julien avait son emplacement. Quand j'ai regardé mon gendre avec un sac à dos sur ses épaules contenant l'urne de maman et celle de Julien, je n'ai pu m'empêcher de sourire en lui rafraîchissant la mémoire : « Souviens-toi, je t'avais mis en garde : un jour, tu auras toute ma famille sur le dos. » C'était plus qu'une image...

Au retour, chez moi, Julien n'était plus là, et mon enfant me manqua terriblement, ce n'était que le début !

Je ne voulais plus que le silence. Certains pensent, dans ce cas, au désert, à ce désert où l'on se recueille ; d'autres choisissent la foi, la foi dans une croyance ou dans la vie, cela n'a pas d'importance.

Moi, je suis allée nager, au creux de l'eau. Je ne coulais pas, au contraire, je me calmais, parce que je communiais avec toi. Les muscles de mes membres, s'agitant dans l'eau dans un mouvement juste, me ramenaient à toi : nous vivions ensemble.

Parfois, mes yeux étaient rouges. Ce n'était pas le chlore de la piscine ni même mes larmes qui provoquaient cette rougeur – je n'avais plus de larmes –, mais toi et ton âme qui me les maquillaient sans doute. Tu étais si fier de moi. J'étais si fière de toi. Julien, que s'était-il passé ?

Julien avait toujours été ce que l'on appelle un « enfant fragile ». Il avait poursuivi une scolarité poussive et, après son bac, il s'était lancé dans une carrière d'agent de recouvrement, qui ne lui convenait absolument pas.

Il connaissait déjà sa femme, elle-même professeure des écoles, quand il décida de devenir infirmier. Je n'étais pas franchement étonnée, Julien était un être très sensible, et c'était d'ailleurs à travers cette sensibilité que nous nous rejoignions. En fait, il était fait pour être soignant, tant il débordait d'humanité. Aussi réussit-il ses examens. Comme je n'avais pas suffisamment d'argent pour que mes enfants poursuivent de longues études, celles-ci ont été financées par l'ANPE, à condition que mon fils travaillât en hôpital pendant ses vacances. Cet accord ne lui posa aucun problème, il aima tous les stages qu'il fit, de la prison des Baumettes au bloc opératoire, en passant par les autres services. Soigner lui procurait du bonheur, et il travaillait comme un dingue, allant de l'hôpital à une maison de retraite, et au domicile des malades.

Il vivait avec Mélanie depuis 2003, et tous les deux décidèrent de se marier en 2006. Ce fut un jour de fête très réussi, et il est bon de se rappeler les jours joyeux.

Nous n'étions pas fusionnels, avec Julien. Il avait une petite famille, une belle famille, un travail prenant, et il essayait d'être présent partout. Mais nous avions un lien solide.

Il avait réussi à intégrer l'équipe de France de tennis de table handisport en tant qu'infirmier. Mais là où je fus fière comme une mère peut l'être, ce fut quand il obtint sa place pour accompagner l'équipe de France aux Jeux paralympiques de Pékin.

Cependant, il ne s'y rendit pas, car son premier enfant, son fils, devait voir le jour quelques mois après, et il choisit de rester auprès de la future maman. Sébastien naquit le

23 mars 2008. L'anniversaire de Julien était le lendemain ; et, tous à notre joie de la naissance de ce bébé, nous avons oublié de le lui souhaiter. En même temps, pour lui, quel cadeau pouvait « remplacer » ce bébé arrivé la veille ?

En 2012, Mélanie et lui partirent quelques jours en Tunisie pour se relaxer. Julien avait déjà mal à la tête, il souffrait souvent de maux de tête. Le voyage en avion avait aggravé son état, et il ressentait quelque chose d'autre. Quelque chose d'indéfinissable, stricto sensu. Il le sentait au point qu'il s'en ouvrit à moi. Je lui conseillai de prendre rendez-vous avec notre médecin de famille, qui nous connaissait par cœur et en qui nous mettions toute notre confiance.

— Fais un scanner, Julien. Comme ça, on saura…

Mélanie, accompagnée de sa mère, était allée rendre visite à sa grand-mère en Ardèche.

— Maman, ce scanner suppose l'injection de produits. Je ne me vois pas prendre la moto, tu peux venir avec moi ?

Nous voici dans la salle d'attente. Et je revois mon Julien, tout pâle, sortir des examens.

Je contacte, dans la seconde, mon médecin de famille, qui parvient à joindre le service du scanner. Il me rappelle :

— Guislaine, avec Julien, tu files tout de suite au service de neurochirurgie à la Timone. Ils savent, ils l'attendent.

— Mais…

— Y a pas de mais, Guislaine. Les examens montrent une vilaine tache. Il faut l'hospitaliser pour en savoir davantage.

Peu après, nous saurons.

— C'est une tumeur. Julien doit rester trois jours ici, le temps de considérer comment enlever cette grosseur.

Tout s'était enchaîné là : les larmes de Julien au coin de ses yeux, le stress en boule dans mon estomac. Depuis les urgences, j'appelai les « filles » : Mélanie quittait l'Ardèche et rentrait à Marseille le plus vite possible, Laurence arrivait. Nous étions désemparées.

Aux urgences de la Timone, où Julien était étendu sur un brancard, on tentait de nous expliquer, avec des mots choisis, la situation. Laurence ne s'est pas sentie bien, les soignants l'ont allongée elle aussi sur un brancard. Et moi, je me tenais debout avec mes deux béquilles, entre mes deux enfants sur leurs brancards, je vivais un cauchemar. Si un réalisateur glissait cette scène dans un film, les critiques ne manqueraient pas de lui asséner qu'il en fait vraiment trop !

Le jour de l'opération est arrivé. Mélanie, sa mère, Laurence et moi attendions la sortie du bloc. Il y est resté trois heures. « Trois heures, ai-je eu le temps de me dire, ça veut dire que l'opération est réussie ! »

Je me fourvoyais complètement. Trois heures signifiaient : « On n'a rien pu faire. On a ouvert et refermé. » J'ai fixé le chirurgien droit dans les yeux, il était incapable de sortir un mot. J'ai cligné des paupières pour lui dire que j'avais compris.

Laurence et moi avons entendu Mélanie pleurer dans la chambre. Elle nous apprendra aussi ce jour-là qu'elle était enceinte d'un bébé, qui se prénommera, huit mois plus tard, « Manon ».

Les extrêmes de la vie se rejoignaient

La donne changeait. Seulement voilà : j'avais appris à espérer dans ma vie, je savais faire ça et vite. Dans des salles d'attente médicales, j'ai vu des gens lire, jouer au Sudoku, avec leur téléphone, regarder un film, sortir fumer une cigarette. Moi, j'ai commencé à tricoter – non pas un pull pour Julien, mais une corde d'espérance. Bien solide, résistante à toutes les tempêtes, et même au tsunami qui surgissait dans nos existences. J'avais déjà tellement donné dans la souffrance, « on » ne pouvait pas me faire ça !

« On » m'a fait ça…

La gagne me reprenait, j'étais de tous les combats. Celui-ci, j'en serais victorieuse, et Julien aussi, et toute notre petite famille. Je le promettais à Julien, et je priais à ma manière toutes les âmes qui étaient parties, du lieu où elles se trouvaient, de rassembler leurs forces et de nous protéger encore. Plutôt moi que lui… Ce n'est pas de cette façon que ça fonctionne !

Cela dit, il fallait s'organiser.

Julien devait faire de la chimiothérapie – il l'a supportée – et de la radiothérapie, qui a bien diminué la tumeur. Quand son état le lui permettait, il reprenait le travail. Travailler faisait partie de son identité, plus encore depuis le début de sa maladie.

Quant à moi, je calais mon emploi du temps sur les soins de mon fils.

Je reprenais aussi ma place de mère à ses côtés. Ça ressemblait à un beau fruit mûr de tout ce qui avait été accompli entre lui et moi. Partout où nous nous présentions – et c'était normal –, ma belle-fille était prioritairement entendue, sollicitée, soutenue. À la maison, je ne posais aucune question à Julien sur son couple, sur les conversations que Mélanie et lui avaient sur sa maladie, mais il se confiait à moi comme à une maman ; et il y avait là quelque chose de fort, d'extraordinaire qui circulait entre nous.

Je craignais de ne plus avoir la force de m'occuper de mon petit monde, je faisais le bilan. Mélanie pouvait s'appuyer sur sa propre mère ; ses enfants lui donnaient la force de tenir, même si Manon n'avait que quelques mois. Laurence affrontait la maladie de son frère dans la douleur, mais elle resta longtemps dans le déni d'une issue fatale – tout comme moi, d'ailleurs. Elle était heureusement entourée de son compagnon et de ses enfants. Quel paquebot ! Néanmoins, j'étais habitée par cette foi dans l'espérance de guérison et dans mon énergie. De toute façon, je n'aurais pu, pensais-je, vivre un échec supplémentaire. Un cataclysme s'était abattu sur moi, balayant le présent et même l'avenir. Tout semblait incertain, mais je restais droite : j'étais le repère de mes proches, pas question de m'effondrer !

Et puis un autre jour funeste est arrivé, avec un coup de fil de Mélanie : « Ça ne va pas, rejoins-moi à l'hôpital, s'il te plaît, Guislaine. »

La tumeur appuyait sur quelque chose de sensible. Pour être plus claire, Julien perdait un peu la tête, et il était « en boucle ».

À cet instant, nous ne l'avons plus laissé seul, Mélanie a dormi sur place. Julien ne parlait plus guère, sinon pour réclamer des cigarettes. Et le moment eût été mal choisi pour lui faire remarquer sa consommation excessive de tabac. D'ailleurs, je m'étais mise au diapason…

Quand il rentrait chez lui, une personne lui était attitrée par les services sociaux pour le garder, sept heures par jour, toute la semaine, week-end compris. Je faisais mon possible pour être là.

À l'Urssaf, un miracle de générosité a eu lieu. Une collecte de jours de congé a été montée pour que je puisse rester aux côtés de mon fils ; j'en ai eu pour un an ! J'étais émue, et je suis toujours pleine de gratitude pour ces journées données par mes collègues.

L'évolution de la maladie s'est accélérée. Au départ, Julien marchait difficilement, puis avec des cannes, et enfin il ne s'est pratiquement plus levé.

J'étais ennuyée, perdue devant la réaction de mon petit-fils, Sébastien. J'ignorais s'il se rendait compte de la maladie de son père, mais il tentait souvent de dormir ailleurs, chez ses deux grands-mères, chez sa tante, chez… La situation devait trop lui peser, il avait envie d'une autre réalité. Mon cœur se serre, quand j'y pense.

Julien était entré en soins palliatifs en cette fin décembre 2015. Le 22, entre 19 et 20 heures, ses amis, sa bande de potes, s'étaient réunis autour de son lit, ils faisaient eux aussi « comme si ». Ils ont mangé, bu un verre et ont raconté des blagues. Tu étais là, Julien, n'est-ce pas ?

Le 23, nous avons assisté au défilé des soignants dans sa chambre ; ce n'était pas bon signe.

Un peu avant 14 heures, tu t'es mis à mal respirer. À 14 heures pratiquement, tu n'as plus respiré. C'était un mercredi, le jour des enfants, et tu as décidé d'aller jouer avec les anges… Comble de coïncidence : tu t'es éteint dans cette maternité où tu étais né, recyclée en service de soins palliatifs.

Je ne suis pas retournée à l'Urssaf ; nous avons signé une rupture conventionnelle de contrat. Je devais continuer à exister pour Laurence et ses enfants, pour ceux de Julien, mais je voulais changer de vie, suivre une autre formation.

Le corps nous parle, parfois en décalé. Le mien s'est senti tout à coup fatigué, harassé, et, quelques mois plus tard, j'ai glissé dans ma salle de bains… L'humérus de mon bras droit (je suis droitière) s'est cassé, ce qui m'a valu trois opérations et un an et demi de bras en écharpe.

C'est là que j'ai décidé de rompre avec toutes les relations qui ne me faisaient pas de bien, que j'ai compris à quel point j'avais envie, besoin, de faire quelque chose de positif, que le sport était toujours ma bouée de sauvetage, et je me suis rapprochée plus encore de la Fédération au niveau national.

Dans ma vie, tout était chaotique, tout était à reconstruire. J'en prenais le chemin. Julien en était la lumière.

26

Ce métier qui m'a fait évoluer

« Les chefs d'entreprise sont des gens passionnés et passionnants, et 80 % d'entre eux sont de bonne foi ! »

J'ai fait toute ma carrière à l'Urssaf, moi qui pensais y passer le temps d'un CDD. J'y suis restée par obligation alimentaire (j'aurais tant voulu ne faire ou ne m'occuper que du sport), et sans doute parce qu'il y régnait une ambiance chaleureuse, avec tous les problèmes qui ont lieu à l'intérieur d'une entreprise « normale ». Je rappelle que cet organisme est privé, ce qui doit modifier un tant soit peu le climat par rapport à d'autres institutions d'État, même si c'est elle qui recouvre les cotisations sociales pour les redistribuer aux caisses primaires de maladie et de santé, de retraite, et aux allocations familiales.

Sortie de mon centre de rééducation, quand j'ai vécu des moments d'isolement total où je ne trouvais pas ma place, j'étais entrée à l'Urssaf pour classer des fiches ; puis j'ai passé des examens et des concours afin de sortir de ce travail qui ne m'apportait pas beaucoup de satisfaction. J'ai donc été agent technique, rédactrice de contentieux, rédactrice juridique et inspectrice. Les deux derniers concours avaient lieu pratiquement en même temps, et j'ai réussi les deux. J'ai préféré le poste d'inspectrice, qui m'a obligée à suivre neuf mois de formation à Paris. Par parenthèse, heureusement que ma mère était présente pour s'occuper de mes deux petits. Et même si Louis, leur père, s'avérait être un bon père, il travaillait lui-même toute la journée. Cette formation ne tombait pas très bien : nous vivions le moment de notre divorce où les conflits, les peurs, les séparations s'aiguisent. Je craignais, sans doute bêtement, qu'il utilisât l'argument de cette formation loin de Marseille pour batailler et obtenir complètement la garde de nos enfants. Ce qu'il a peut-être brandi en mots, mais n'a pas tenté de faire. Malgré tout, une mère est une mère ; et j'avais besoin d'être totalement sécurisée à leur endroit, ce qui m'a valu quelques sueurs froides.

Une fois cette formation terminée, j'ai été nommée à un poste à Marseille – le rêve !

J'ai vraiment commencé mon travail, je l'ai pris à bras-le-corps comme à mon habitude, puisque je ne peux me comporter autrement. Et là, j'ai rencontré des chefs d'entreprise, et j'ai commencé à comprendre…

Un plan de contrôle est toujours organisé par la direction. Aux inspecteurs comme moi, on distribue une centaine de dossiers à contrôler dans l'année. Pour les TPE et les PME, je me rendais seule dans l'entreprise que je devais contrôler. Quand j'avais affaire à une grosse entreprise, nous y allions à plusieurs.

Plus d'une fois, lorsque je me suis déplacée pour contrôler une société, j'ai senti la peur, le stress chez le chef d'entreprise qui me recevait. Et, la plupart du temps, quand l'agressivité ou la mauvaise foi n'éclataient pas dès la première seconde, j'utilisais cet art du cocktail indispensable pour que les choses se passent le mieux du monde : un mélange d'ouverture et de distance, de fermeté et de sympathie à la fois.

J'interrogeais de façon simple : pourquoi avez-vous fonctionné de cette manière, qui n'était pas conforme ? Dans ce cadre donné, j'étais vraiment à l'écoute ; et, bien souvent, les responsables me livraient l'état d'esprit de leurs démarches et finissaient parfois par se confier à moi.

Grâce à tous ces chefs d'entreprises petites ou moyennes, j'ai vraiment compris ce qu'était l'entreprise. Avec quel cœur ils l'avaient montée, à quel point elle faisait partie de leur corps, de leur âme, de leur vie. Pour la grande majorité, leur entreprise, c'était eux ; la hissant au même rang que leur famille, même s'ils ne l'avouaient pas toujours. Il faut dire que, dans les TPE et PME, il y a toujours un air de famille… Ils vivaient pour elle, ils avaient la passion de transmettre, et ils me communiquaient leur plaisir à avoir créé leur boîte.

Quand nous parvenions à ce stade, je jouais un rôle préventif plus que répressif. Je prodiguais des conseils, et j'arrivais beaucoup plus facilement aussi à faire passer mon redressement, si nécessaire – j'insiste bien : si nécessaire…

J'ai quitté l'Urssaf depuis quelques années, mais j'affirme toujours que les patrons sont passionnés et passionnants, et que 80 % des gens sont de bonne foi.

Bien sûr, il m'est arrivé de tomber sur des « mauvais coucheurs ». Ceux qui ne répondaient jamais, par exemple, au téléphone quand je voulais une précision ou fixer un rendez-vous pour un entretien et un contrôle.

Je crois que l'un de mes souvenirs les plus drôles, les plus aberrants concernant un contrôle, est venu d'un chef d'entreprise sans doute hors sol, mais qui était aussi hors rails réglementaires. Il m'a inventé une gamme d'arguments incroyables pour justifier sa comptabilité tordue et ses frais abusifs, et a fini par me sortir : « Mais, Madame, vous ne vous rendez pas compte combien coûte un train de pneus de Ferrari ! »

Après cette réflexion ô combien sincère, il n'a plus prononcé un mot, se rendant compte de sa gaffe ; pendant que moi – d'un ton naturel, quoiqu'assez sidérée intérieurement –, je lui annonçais le montant de son redressement. Dans ce genre de cas, après un contrôle disons « litigieux », des inspecteurs de contentieux prennent le relais des dossiers pour les défendre au tribunal.

Mon job à l'Urssaf n'a pas été qu'un travail alimentaire. Je m'y suis épanouie quand j'étais fière de réussir, que je regardais mon chemin parcouru et le plaisir que j'avais eu à préparer mes examens et mes concours. Je plains les personnes qui ne voient que le côté négatif de leur travail. On ne peut pas le considérer que sous cet angle-là, la vie se fait trop insupportable ! Et puis la façon dont je menais mes contrôles m'a conduite à ces rencontres avec tous ces patrons que j'évoquais à l'instant et qui, humainement, m'ont fait évoluer.

Enfin, comment oublier ce que mes collègues ont fait pour moi pendant la maladie de mon fils, Julien, et au moment de sa disparition ? Peu importe le costume social des uns et des autres, ce qui compte, c'est le cœur ; et ceux de mes collègues et de ma direction dans les Bouches-du-Rhône ont battu à l'unisson.

Alors, oui, professionnellement, je n'aurais voulu entendre que le mot « sport ». À l'époque, toutes les fonctions étaient bénévoles (sauf pour certains postes, comme celui qu'occupait Jean, mon ex-mari) ; ce qui, bien sûr, limitait les candidatures, dont la mienne. Mais qui serais-je devenue, dans ce cas ? N'aurais-je pas étouffé, dans un milieu exclusivement sportif ?

Il n'y a ni frustration ni regret à avoir.

Humainement, n'ai-je pas été plus reliée aux autres en côtoyant tous ces gens qui ne faisaient pas partie du côté du miroir que je voulais seulement regarder au départ ? C'est juste un changement de position intérieure qu'il s'agit de faire…

27

Ma maison : Handisport Marseille

« Dans mon club, nous ne savions même plus qui était valide ou handi. »

Indépendamment de mon investissement comme entraîneure national de l'équipe de France de natation handisport depuis 1991, de mon activité professionnelle, il m'est apparu évident d'accepter, en 1996, de prendre la présidence du Club handisport de Marseille, que me proposait l'ancien dirigeant.

Je souhaitais rendre tout ce que m'avait apporté le club : la pratique sportive dans un milieu qui était le mien, me retrouver avec mes pairs, la rencontre avec d'autres sportifs qui allaient devenir des amis.

Je voulais que, comme moi, des gens victimes de maladie, d'accident, ou de handicap de naissance retrouvent du plaisir, une confiance en eux, au travers d'une activité physique ou d'un sport de compétition. Aussitôt mon élection validée, j'ai commencé par recruter des personnes formées sur le plan sportif, de préférence avec une connaissance du handicap. La partie fut compliquée, parce que le club n'avait que très peu de financement ; mais nous sommes arrivés à convaincre les pouvoirs publics de l'importance de nos actions.

Nous avons développé des écoles de sport dans une institution accueillant des jeunes enfants scolarisés sur place, une école de natation et de tennis de table.

Dans le même temps, le club s'étoffait chaque année de nouveaux membres ; les nageurs venaient en grand nombre, et la plupart souhaitaient se confronter à des compétitions. Aussi participions-nous à de nombreux championnats ; et chaque déplacement était une fête, l'ambiance y était heureuse, les plaisanteries et les rires fusaient tout le long du trajet dans les minibus qui nous transportaient çà et là.

Et c'est là qu'a germé, dans l'esprit de deux nageurs, Adda et Fabrice, l'idée de créer une série : *Vestiaires*, programme court qui a rencontré un grand succès sur France TV, puisque cette série a duré treize ans (j'y consacrerai un petit chapitre, plus loin). En tout cas, nous étions tous très fiers que *Vestiaires* soit née à Marseille, dans notre club.

Dans ce club, les salariés, les adhérents, les bénévoles ne formaient qu'un seul groupe de copains ; et nous nous retrouvions souvent pour de belles soirées sur tous les thèmes, même celui des fameux Deschiens. Là, il n'était jamais question de handicap, sauf pour se moquer gentiment. En fait, nous ne savions même plus qui était valide et qui était handi. Il n'y avait pas de clivage entre les salariés, les élus (dont je faisais partie) et les licenciés ; ce n'est malheureusement pas toujours le cas. J'ai toujours du mal avec le fait de mettre les gens dans des cases : « salariés », « bénévoles », « élus », et j'en passe…

En 2001, j'ai aussi été élue à la présidence du comité départemental handisport des Bouches-du-Rhône, structure coordonnant les clubs handisport sur le département. Les missions avaient beau être plus administratives, leur intérêt demeurait aussi prégnant. Les salariés de cette structure ont vite rejoint la bande d'amis du club, d'autant plus facilement que les deux associations partageaient les mêmes locaux.

Tous m'ont manqué, quand je suis devenue présidente de la Fédération, puisque j'ai dû démissionner de mes mandats locaux et que je suis partie à Paris. Cela ne nous empêche pas de nous revoir une fois par an – bien trop peu, à mon sens.

Comité départemental olympique et sportif

Cette structure est un organe décentralisé du Comité national olympique sportif français, les membres du comité directeur sont tous des présidents des comités départementaux issus des différents sports.

En 2001, j'ai été élue membre du conseil d'administration de cette structure. Je me suis présentée parce que j'estimais que Handisport avait toute sa place au sein du mouvement sportif parmi les fédérations qui gèrent les disciplines pour les sportifs valides. À présent, de nombreux sports sont intégrés dans les fédérations homologues. Et, fait important en cette période avant les JOP, Handisport ne gère pas les équipes de France de triathlon, de badminton et bien d'autres ; désormais, ces disciplines sont gérées par les fédérations valides.

Dans ce comité, j'ai pu rencontrer tous les dirigeants du sport départemental. Ce qui fut extrêmement intéressant, puisque cela a permis surtout de faire connaître Handisport, très peu médiatisé à l'époque.

Nous étions loin des progrès effectués pour une société inclusive. Même si nous en sommes encore loin, force est de reconnaître que nous assistions à un frémissement de volonté de changer le regard sur le handicap. Nous commencions à marcher vers une synergie.

28

Vestiaires, la série

> «Je suis toujours fière que notre club ait été un peu source d'inspiration.»

Le 14 juin 2010, sur leurs écrans de télévision, pour la première fois de leur vie, les téléspectateurs ont regardé une série très courte (deux minutes pour chacun des épisodes) qui se passait dans les vestiaires d'une piscine d'un club handisport. Qui dit handisport pense handicap. Et c'est juste. La série mettait en scène des sketches écrits et réalisés par deux handicapés sur les handicapés. Elle a connu un tel succès qu'elle a duré treize ans !

Et là où j'interviens en même temps que mon destin : ce club handisport était le mien, les deux handis étaient des nageurs de Handisport Marseille. Ils continuèrent à fréquenter le club, et, lors de nos déplacements pour les compétitions, nous n'osions plus sortir des blagues, de peur qu'ils récupèrent nos propos. Trêve de plaisanterie, je suis toujours très fière que notre club ait inspiré une série télé particulièrement drôle !

Pourquoi *Vestiaires* a-t-elle remporté un tel succès ? Parce que, jusque-là, on s'était interdit de blaguer sur les handicapés. La série brisait un sacré tabou : faire de l'humour sur le sujet. Un pari fou, mais un pari gagné !

Les scénaristes – Adda Abdelli (Romy, dans la série) et Fabrice Chaunut (réalisateur de la série), qui jouaient les figurants de temps à autre – avaient noué une amitié de nageurs, d'amoureux de l'humour, de l'écriture et du cinéma. Ils voulaient travailler ensemble et avaient pris l'habitude de se retrouver dans les vestiaires du club à Marseille. Un jour, alors qu'ils prêtaient l'oreille aux vannes continuelles que s'échangeaient les nageurs, ils ont constaté, à leur grand plaisir, que tout ce qu'ils entendaient était totalement décalé. D'un regard vite croisé, ils se sont compris : ils tenaient leur sujet ! « C'était de ça qu'il fallait qu'on parle ! » se rappelle l'un des deux auteurs. Il faut savoir qu'à l'époque Fabrice, qui avait suivi des études de cinéma, venait d'achever un court-métrage, et qu'Adda s'était lancé dans le stand-up, surtout pour ses amis.

Le court-métrage de Fabrice devait être montré au Festival d'Aubagne, là même où nos deux compères s'étaient rendus et où ils avaient appris que deux producteurs étaient présents : Philippe Braunstein et Sophie Deloche. Ne reculant devant rien, nos acolytes leur en parlèrent, et rendez-vous fut pris pour leur montrer des essais. Les castings ont eu lieu. Adda a obtenu le rôle principal, et Fabrice est devenu le réalisateur de la série (au début, puis rapidement d'autres l'ont rejoint). Certains membres du club sont devenus acteurs ou figurants, et l'aventure a démarré. Une aventure inouïe !

Le synopsis était simple (mais *simple* ne veut pas dire « facile ») : chaque semaine, pour leur entraînement, Orson et Romy se retrouvaient aux vestiaires du club, là où les blagues fusaient, tout en commentant leurs regards sur le monde. Les producteurs ne cachèrent pas leur profond intérêt, demandèrent au duo de continuer à montrer que les handicapés étaient bourrés d'humour, plutôt « cash, mais pas trash », capables d'une dérision totale par rapport à eux-mêmes, et qu'ils étaient donc non pas « normaux », ni valides, ni anges, ni bêtes, mais simplement comme les autres. Les producteurs ont montré ces essais à France 2, qui les inscrivit dans leurs programmes courts.

Depuis la première diffusion, qui en a surpris plus d'un, le succès est au rendez-vous. Certaines têtes sont devenues des *guest stars* régulières, comme Clémentine Célarié, Pascal Légitimus, ou Bruno Solo. D'autres, tels Thierry Lhermitte, Michel Cymes, Florent Manaudou, y ont fait des apparitions. Même Brigitte Macron n'a pas hésité à jouer dans la série (épisode 7).

Les choses ont évolué. Chaque année désormais, les producteurs veulent mettre en lumière des handicaps différents, pour que, justement, le handicap montré dans tous ses « états » puisse être davantage intégré dans notre société.

Douze ans se sont écoulés, et la douzième saison a été diffusée en janvier 2023, avec la même équipe, selon le bon vieil adage : « On ne change pas une équipe qui gagne. » L'humoriste Jarry en était le parrain, avec un slogan à la bouche : « Vive la singularité sur France TV ! »

Nous avons eu droit à quelques moments de franche rigolade, avec les démonstrations de handiskate et handisurf; deux disciplines qui feront leur apparition aux JP 2024.

La treizième et dernière saison est déjà dans les tuyaux, et nos deux complices sont sur d'autres projets. On leur fait confiance…

« Ça va faire treize saisons, et on n'a pas changé d'un poil. Physiquement, on n'a pas bougé ! » s'amuse Adda Abdelli…

Personnellement, j'ai été ravie de les soutenir, ravie de cette série, de cet humour découvert et déployé qui révélait des vérités. Ravie d'observer combien les handicapés qui jouaient dans la série étaient heureux de le faire. D'en mesurer le succès, et de m'apercevoir de quelques changements – mêmes légers – dans la familiarité des gens avec le handicap.

De plus, j'entretenais avec ses deux créateurs une relation serrée qui existe toujours. J'ai vu l'authenticité d'Adda et de Fabrice qui ont poursuivi leur job, l'un à Handisport, l'autre à la mairie de Marseille, fidèles en ce sens à l'esprit d'Handisport : la fraternité et la fidélité avant tout.

29

Présidente de la Fédération française handisport

« Je veux simplement que l'on considère les handis comme des sportifs à part entière, et non entièrement à part... »

Sauf si nous avons des ambitions personnelles et que, dès notre jeunesse, nous mettons tout en œuvre pour les réaliser, souvent, nous sommes étonnés de notre chemin parcouru, qui nous a menés là où nous sommes. C'est mon cas. Enfant, je n'avais pas eu de rêve professionnel ni de vie sociale, cela frôlait même l'impossible avec ce que j'avais à traverser ; mais, au bout du compte, j'ai été élue présidente de la Fédération handisport… Et je nomme ça, avec attention et douceur, un « miracle ». Le miracle d'assumer une si haute responsabilité au sein de mes deux passions : le handicap et le sport. Pour moi, aussi, être à la tête d'une si grande association est un honneur. Il y a une mémoire à respecter, et cette mémoire aujourd'hui résonne en termes d'inclusion, qui va beaucoup apporter aux personnes en situation de handicap, en facilitant leur vie au quotidien, en les stimulant, et en appliquant cette valeur souveraine : la solidarité.

Je vais raconter comment j'en suis arrivée là, puisque j'en suis encore la présidente jusqu'en décembre 2024 (moment des élections), et peut-être pour quatre années supplémentaires, si je décide de briguer ce poste à nouveau. Je n'ai pas d'idée arrêtée sur le sujet, débordée comme je le suis avec la Fédération et la préparation des JP (Jeux paralympiques de 2024, à Paris). Il appartient, en effet, à notre fédération de préparer au mieux nos équipes de France.

Hasard ou synchronicité ?

Tout a commencé en 2005. J'étais déjà bien engagée comme entraîneure national (EN) au sein de la Fédération handisport et comme présidente du comité départemental handisport des Bouches-du-Rhône, quand le président de la Fédération, André Auberger, m'a repérée pour ce que j'avais mis en place, et lors d'un atelier de travail dont j'étais la rapporteuse. Ça tombait bien, parce qu'il souhaitait féminiser le comité directeur fédéral. Cela dit, il a gardé longtemps une main de maître à laquelle je m'étais faite, même si ses conceptions et mon fonctionnement ne se mariaient pas toujours harmonieusement.

En 2005, je candidatais donc pour être membre du comité directeur. La règle était simple : présenter sa candidature tous les quatre ans. Les faits se succédèrent ainsi jusqu'en 2015. J'ai été promue trésorière générale adjointe en 2013, quand le trésorier en titre est décédé subitement. Les instances supérieures me demandèrent alors de le remplacer ; ce que j'acceptai puisqu'il s'agissait d'un intérim. Mon fils, Julien, était alors bien malade ; et m'occuper de la Fédération me changeait les idées et me revigorait, pour être encore plus près de Julien. Le job, par ailleurs, était hyperintéressant, puisqu'il consistait à valider toutes les dépenses, mais aussi tous les projets. Pendant deux ans, j'allais représenter un trait d'union fondamental ;

et ce, jusqu'en 2017, où eurent lieu de « vraies » élections pour le poste de président (celui de l'époque ne voulait pas continuer).

J'ai assisté alors à des campagnes étonnantes et acharnées qui m'ont convaincue qu'il n'y avait pas de différence de climat pour obtenir un titre chez Handisport ou dans n'importe quelle autre entreprise. Or, régulièrement, les candidats ne se rendent pas compte de la somme de travail et de disponibilité que ce job exige. Ce fut un jeune, qui s'était beaucoup battu, qui emporta la mise, si j'ose m'exprimer ainsi, mais qui, huit mois après, plongea dans un burn out.

Le poste était vacant. On m'y poussa pour assurer l'intérim, et je me suis lancé ce défi : « Je serai capable de gérer cette parenthèse. Je connais toutes les facettes de ce poste. Allez, je me jette à l'eau ! » N'étais-je pas une excellente nageuse ? J'ai gagné. Un détail qui a son importance : le comité directeur national est composé tout autant de valides que de personnes en situation de handicap ; ce qui souligne justement à quel point le handicap ne doit pas être mis à part.

Mon fils était parti... Je me devais de séjourner à Paris trois jours par semaine, et cela me convenait bien. Par ailleurs, Handisport, j'y tenais. Je voulais pallier le manque de présidence, je n'avais pas du tout envie de voir la Fédé déstabilisée, perdre sa colonne vertébrale. « On verra », m'étais-je dit à l'assemblée générale suivante... « Je gère "le courant" pendant le mandat qui reste à couvrir. »

Je dois remercier le directeur général et son assistante de l'époque, qui m'ont beaucoup aidée, car je me suis vite aperçue qu'être aux manettes changeait mon regard sur les choses.

Du coup, me voilà en 2018 aux JOP d'hiver de Pyeongchang en Corée du Sud (ça devient une histoire, la Corée du Sud et moi !), avec 670 athlètes et 49 pays. À une place différente, j'ai assisté pour la seconde fois à une cérémonie d'ouverture coréenne, avec des enfants et un thème basé sur « la paix en mouvement ». L'équipe de France se classa au 3e rang, avec 9 médailles d'or notamment.

En 2020, c'était de nouveau l'année des élections, je me suis présentée. Comme les autres candidats, je devais proposer un projet. Celui de l'ancien président me convenant, j'y ajoutai quelques traits : augmenter le nombre de licenciés, accélérer la performance des équipes de France avec le cap de 2024, mettre un point d'honneur et essentiel à savoir déléguer aux directions sportives et techniques. J'ai été largement élue. Comme le veut la règle, les prochaines élections se feront après les Jeux, en décembre 2024.

Quand je réfléchis, j'évoque en effet le hasard, ou la synchronicité. Si Julien, mon fils, n'avait pas lutté contre une maladie qui a fini par l'emporter, aurais-je franchi toutes ces étapes ? Quel est le fruit du hasard dans cette histoire ? Parfois, je me dis que mon fils m'a ouvert une porte en partant : celle des responsabilités au sein de la Fédération française handisport, à laquelle il était très attaché. Lui qui était si fier de mes médailles décrochées à Séoul, et de mon parcours en général, ne serait-il pas venu renforcer mon énergie pour éviter ma chute après son départ, pour m'obliger à relever la tête et nous permettre à tous les deux d'être grands encore dans nos yeux ?

Faire équipe

Le paralympisme a pris de l'importance et en prendra de plus en plus. Tel est le désir du président de la République, Emmanuel Macron, mais aussi de la Mairie de Paris, avec Anne Hidalgo. Ces deux autorités politiques veulent sincèrement une société inclusive. Le problème, c'est qu'à Handisport nous n'étions pas complètement prêts pour ces changements. Ainsi, par exemple, la société hôtelière que j'ai évoquée au début de ce livre. Cette société nous appartenait, nous étions le seul actionnaire, malgré un handicap, c'est le cas de le dire : nous n'étions pas des hôteliers. Lorsque la situation est devenue compliquée à Paris – attentats, « gilets jaunes » –, notre belle capitale a vu les touristes déserter. Les difficultés ont commencé, et le coup de grâce nous fut donné par la pandémie. La société s'est retrouvée en redressement judiciaire.

J'avoue être tombée de haut – ce qui dans ce cas s'avère toujours dangereux (l'humour, toujours…) –, car je n'imaginais pas une seconde que la situation était si catastrophique. Un nouvel actionnaire, pour le coup issu d'une société hôtelière, est entré dans notre capital ; et, heureusement, nous commençons à sortir du tunnel.

Pour le reste de l'aventure, au retour des Jeux de Tokyo, quitte à passer pour une méchante, j'ai décidé de me séparer du directeur technique national, qui remplissait cette fonction depuis quatre années tout en travaillant au sein de la Fédération depuis trente ans. Il fallait être lucide : la Fédération avait besoin de sang neuf. Les choses ont pas mal tangué… J'ai dû faire face à un véritable tollé. La plupart des cadres et des salariés se sont ligués contre moi, rejetant la faute également sur le délégué général, alors que j'assumais pleinement cette décision, et l'assume encore.

Après bien des péripéties – je ne peux pas rentrer dans les détails –, depuis octobre 2022, j'ai un ex-tra-or-di-naire directeur technique national (DTN), Grégory Saint-Géniès, dont le recrutement m'a confortée dans mon art de recruter… (Les directeurs techniques nationaux sont proposés par le ministère, et il appartient aux présidents de fédérations – moi, en l'occurrence – de choisir.)

Entre Grégory et moi, des liens très forts, d'amitié et de confiance, se sont tissés alors qu'il ne venait pas du tout du monde du handicap. Son efficacité, son adaptabilité, son intelligence ont permis d'aller vite, car souvent l'acculturation de ce milieu ralentit les choses. Je lui crois un avenir rayonnant.

De ces années de mandats qui ont été compliquées, je reste à la fois enchantée d'avoir été au cœur de l'action et d'avoir fait évoluer la pratique sportive des personnes en situation de handicap. Néanmoins, je reste un peu dubitative. Je devais être naïve en arrivant, car j'ai rencontré des personnes passionnées, certes, mais d'autres aux ego surdimensionnés qui ne se remettaient jamais en cause (voilà l'aspect le plus sidérant, pour moi qui souffre tant du syndrome de l'imposteur). Il m'arrive parfois de m'interroger sur leur sincère motivation à venir travailler au sein de notre fédération. Est-ce le désir d'œuvrer pour ces pauvres handicapés ? J'ai quand même entendu dire par des gens présents depuis deux ou trois ans : « Avec tout ce que j'ai fait pour la Fédération… » Il s'agit là de professionnels, donc rémunérés, s'adressant à des bénévoles qui ne comptent pas leur temps et ne ménagent pas leurs efforts. Quelle ironie, ou quel manque de psychologie !

Est-ce le souhait de réparer une blessure narcissique ? Mes propos sont-ils durs ? Disons qu'ils se situent à la hauteur de mes déceptions. J'ignore si c'est le cas dans d'autres fédérations.

Le seul objectif qui me motive et qui continuera, je me connais, à me concerner longtemps est le suivant : je veux simplement que l'on considère les handis comme des sportifs à part entière, et non entièrement à part…

Fort heureusement pour moi, j'ai aussi rencontré, ou découvert, de belles personnes (je veux nommer la secrétaire générale, Mai-Anh Ngo, que je connaissais en tant que nageuse et qui se révéla mon soutien sans faille durant tout ce temps). Un bon nombre d'entre elles m'ont aidée à grandir ; et j'ai parfois, à mon tour, participé à l'épanouissement de certaines d'entre elles. Il y a eu – et c'est formidablement bon – un vrai mouvement de partage entre nous.

Être aidée et aider les autres ont fait circuler une énergie bonne et généreuse, que j'ai reçue comme une récompense, un cadeau et un baume sur mes blessures.

La bataille à mener

Selon moi, la Fédération française handisport devra continuer à se battre pour garder les délégations dont elle a la charge actuellement. En effet, les fédérations homologues (valides) ne sont pas toutes prêtes – je souligne bien « pas toutes » – à accueillir le parasport. Ensuite, il lui appartiendra d'être toujours au plus près des territoires pour proposer des activités sportives aux personnes en situation de handicap, même dans les lieux les plus reculés. Et certainement encore plein de choses, mais cela dépendra du prochain président.

30

Laurence, ma fille

> « Je dis "merci" à ma fille, et "merci" compte parmi les plus beaux mots qui soient. »

J'avais 19 ans quand Laurence a vu le jour, le 3 mai 1979. Après une grossesse joyeuse, j'ai accouché sous césarienne, puisque, avec la fragilité de mes os, je ne pouvais le faire par voie basse.

On m'interrogeait souvent : « Voudrais-tu plutôt un garçon ou une fille, pour ce premier bébé ? » Sincèrement, j'étais heureuse de mettre un bébé au monde, peu m'importait le genre ; et Louis aussi. Pour rappel, Louis et moi, nous habitions ensemble depuis 1978 ; et, à peine un an après, l'arrivée de ce bébé non programmée nous a rendus heureux. J'estimais que la joie de Louis – assez rare encore chez les pères de l'époque – était quelque chose de précieux dont j'avais envie de prendre soin.

Pendant ma grossesse, je me suis sentie en pleine forme, pour la première fois de ma vie !

Voici une petite anecdote : la veille, j'étais allée en consultation à la maternité Sainte-Monique installée dans l'hôpital Saint-Joseph dont on m'avait renvoyée, avec une date et une heure précises d'accouchement. Je marchai alors – sans béquilles – jusqu'à la boutique de ma mère. Ne jamais oublier que j'étais une *warrior*, et je n'avais pris que neuf kilos. Je me souviens de l'ébahissement d'une cliente qui, me voyant, me demanda : « Alors, c'est pour quand ? » Quand je lui ai répondu : « Demain, à 15 heures », elle n'en crut pas ses oreilles, sous les petits rires de ma mère et moi, lui expliquant ensuite qu'une césarienne était toujours précisément programmée…

Je n'ai ressenti aucune peur. D'une part, la peur ne faisait pas partie de mes émotions, et, d'autre part, si jeune, j'étais pleine de confiance. Mon bébé serait « normal », et j'allais accoucher sans soucis. Nous en étions aux prémices de la péridurale que j'avais demandée, la préférant à l'anesthésie générale (je voulais assister d'une façon ou d'une autre à la naissance de ma fille). Ce fut un petit bouchon de 2,5 kg et haut de 48 cm que les soignants, le temps que je sois recousue, ont blotti dans les bras de Louis, propulsé au paradis.

Quand j'ai enfin pu tenir ma petite fille dans mes bras, poser mes lèvres sur son front, sentir son odeur, le lien s'est noué immédiatement entre nous, même si jamais je n'avais été une mère démonstrative – loin de l'image de la « mère juive ». J'aimais infiniment ma fille, plus que moi-même, et mes sentiments à son égard n'ont pas changé.

Je m'étais battue contre la maladie, et j'avais réussi à traverser ma grossesse en pleine forme. Mon bébé était tout beau, en excellente santé, j'avais vraiment tiré le ticket gagnant. Je me sentais, d'un coup, privilégiée !

Un certificat d'accouchement, le livret de famille, attestant que Louis et moi étions mariés, nous avions ce qu'il fallait pour déclarer un enfant. Nous fondions une famille, et ma petite fille avait un père et une mère qui la protégeraient coûte que coûte !

Je savourais un bonheur sans nuages, renforcé par la sagesse de Laurence, totalement opposée à l'agitation de son petit frère, Julien, qui arrivera vingt-deux mois plus tard.

Pourtant, Laurence avait déjà une personnalité qui se révéla et se déploya au fil des mois et des années. Un petit exemple. Elle avait 2 ans, Louis et moi faisions nos courses à l'hypermarché du coin, et nous lui avions acheté un petit jouet. Laurence, qui ne parlait pas encore, voulait immédiatement son jouet dans les mains, tandis que Louis et moi continuions à remplir le coffre de notre voiture avec nos achats. Il était évident qu'elle trouvait que nous y mettions trop de temps ! Haute comme trois pommes, elle réussit à sortir son jouet des sacs à provisions, à s'approcher de la tête de son père penché dans le coffre et à la lui taper avec son jouet dans son emballage, lui signifiant : « Arrête ce que tu fais, et donne-moi mon nouveau jouet. » Intérieurement, nous en avons bien ri, Laurence promettait...

Fidèle à cette promesse, deux ans plus tard, alors que je lui faisais manger un plat qu'elle n'aimait pas, je rétorquai : « Si tu n'es pas contente, tu n'as qu'à aller au restaurant ! » Quelle ne fut pas notre surprise quand, le lendemain, à l'heure du déjeuner, Louis et moi la vîmes enjamber la balustrade et, son petit sac à la main, se diriger vers la route ! Nous la rattrapâmes alors et lui posâmes la question :

— Mais où vas-tu comme ça ?

— Ben, au restaurant. Comme ça, je mangerai ce que je veux !

En fait, elle ne s'est jamais départie ni de sa volonté ni de sa fermeté. Laurence est une maîtresse femme qui n'en était pas moins féminine, elle jouait avec ses poupées et prêtait attention aux soins de beauté. Ainsi était-elle très complice avec ma mère, et sans doute connaissait-elle davantage les parfums que moi !

Transgénérationnel

Ma mère me raconta que ma grand-mère était indépendante. Dolly était elle-même plus qu'attachée à cette valeur, qu'elle m'a transmise, et qu'à mon tour j'ai transmise à ma fille. C'est pourquoi j'évoque le transgénérationnel, quand je parle du désir d'indépendance chez Laurence. Après une adolescence pas franchement compliquée, elle misa beaucoup sur son indépendance. Elle rêvait d'avoir son appartement à elle ! À 18 ans, elle emménagea dans la chambre de bonne au-dessus de chez nous et, à 20 ans, elle loua son premier studio. Cela dit, tout en suivant les cours à la faculté d'Histoire où elle perfectionna surtout son coup de main au flipper et au baby-foot, elle ne rechigna pas à travailler, distribuant des tracts, vendant des sandwichs, qu'il fasse froid ou non, elle était debout, essayant d'assumer le plus possible son indépendance financière. Surtout, Laurence était une jeune fille engagée et qui l'est restée. Il est vrai qu'elle avait été à bonne école avec moi, car, lorsque je fréquentais la Ligue des droits de l'homme, j'y emmenais mes enfants. Elle a continué tout en militant aussi auprès des associations féministes.

Enfin, Laurence découvrit la fac de sports et s'y inscrivit pour une filière sur deux ans. Cela nous a permis de mieux nous retrouver, car, personnellement, entraîneure pendant ces années-là de l'équipe de France, je ne passais guère de week-ends à la maison. Je n'ai pas pu aider vraiment Laurence à cause de mon emploi du temps, et Louis ne gardait pas l'œil sur ses études. Mais nous lui faisions pleinement confiance. Grâce à cette filière, nous nous sommes vus davantage et avons recréé une nouvelle complicité.

Création de son poste

Ses examens réussis, Laurence créa son propre poste comme directrice du développement du sport dans les activités périscolaires des enfants. Ensuite, elle est entrée au comité départemental sportif olympique où elle accompagnait les associations créatrices d'emplois. Et comme sa mère – à savoir moi-même, qui poussais toujours mes gosses à ne jamais s'arrêter et à évoluer, car c'est dans l'évolution de son travail que nous trouvons aussi notre plaisir –, elle reprit le chemin de la faculté pour suivre un master en ressources humaines. C'est ainsi qu'aujourd'hui Laurence travaille dans le service des ressources humaines d'un organisme de Sécurité sociale ; ce qui lui convient très bien, car elle adore le management.

Le sort ne s'est pas empêché de me faire un clin d'œil, puisque ma fille n'est pas une fanatique du sport. Elle s'est essayée à maintes disciplines sans en trouver une qui déclenche une passion. Avec deux parents fous de sport, c'était à la fois curieux et naturel, au fond. Les enfants d'un médecin n'ont pas tous envie de devenir médecins, idem pour les cuisiniers ou tous les métiers du monde qui apparaissent chronophages et les privent de temps pour eux.

Un Ange est venu

Côté garçons, elle s'y intéressait, tout en demeurant très discrète ; jusqu'au jour où elle rencontra Ange, celui qui deviendrait son mari et le père de ses deux enfants. Je l'adore et je me suis toujours très bien entendue avec lui. À travers ce couple, il me plaît à penser qu'il y a des êtres qui sont faits pour certaines personnalités. C'est le cas de mon gendre pour ma fille, et de ma fille pour lui. Ils se conviennent au niveau de leurs tempéraments, de leurs valeurs, de leurs projets, de leur respect mutuel.

Laurence a sans doute hérité de mon caractère fort, et elle a intégré l'éducation que j'ai donnée à mes enfants (« marche ou crève », mais surtout : « souris toujours ! »), y ajoutant un plus : elle sait extérioriser ses sentiments, sa tendresse, ses réactions. Pour sa petite progéniture, elle se transforme en louve, mais il est vrai aussi qu'à la naissance de Lola elle était âgée de 29 ans, alors que j'avais eu Laurence à 19 ans… Détail amusant, ma fille et ma belle-fille sont tombées enceintes la même année…

Avec Laurence, notre lien s'est encore resserré quand Jean m'a quittée. J'étais en miettes, et elle a tout fait pour que je ne me noie pas. Les rôles se sont quelque peu inversés, elle s'est mise à me protéger. Même quand, dans mon job d'entraîneure, j'assistais à des compétitions, elle était là, sur ses gardes, pour qu'il ne m'arrivât rien, alors que je croisais régulièrement mon ex-mari. C'était comme si elle me murmurait à l'oreille : « Ne t'en fais pas, appuie-toi sur moi. »

Notre attachement était déjà indestructible, il le devint plus encore plus, si cela était possible…

Un moment exceptionnel : Lola

Ange, l'époux de Laurence, avait un contrat en alternance et passait son BTS, quand Laurence arriva au terme de sa première grossesse. Néanmoins, les contractions surgirent à un moment inattendu… Je reçus un appel urgent de mon gendre :

— Guislaine, il faut que tu sois aux côtés de Laurence. Je dois passer mon examen. Viens, elle ne peut pas rester toute seule.

— J'arrive !

Inutile de poser d'autres questions. J'appuyai à fond sur mes boutons d'énergie et, le temps de déposer des dossiers (toujours consciencieuse), je partis à toute vitesse rejoindre la maternité.

La situation était tout de même rocambolesque : mon gendre passait un BTS, et c'était à moi, sa belle-mère, de prendre son relais ! Laurence était heureuse ; notre lien lui donnait confiance. D'ailleurs, jusqu'à la salle d'accouchement, je l'ai fait rire. Et, événement peu banal et pas courant : j'assistai à la naissance de Lola, et ce fut à moi, sa grand-mère, que l'on demanda de couper le cordon ombilical. Situation à laquelle ni sa mère, ni son père, ni moi n'avions réfléchi !

Tous les sentiments et les sensations se mélangèrent. Pour moi, cet instant fut génial, et j'affirme qu'il n'y eut pas l'ombre d'un problème entre Laurence et moi – ni à ce moment-là ni juste après. J'ignore si Laurence est devenue mère à cette minute et moi grand-mère, mais j'avais pleinement conscience que je débordais d'un amour incroyable pour ma fille et pour le petit être qui ouvrait ses yeux sur notre Terre.

À quoi pensions-nous, Laurence et moi, dans la salle d'accouchement ? Nous étions plongées dans un « ailleurs » sans doute, quoique chacune sût qu'elle retrouverait sa place après cet épisode exceptionnel. D'ailleurs, Ange arriva, et je lui laissai la place. Je rentrai chez moi pour que ces tout nouveaux parents vivent leur bonheur dans une intimité qui leur appartenait exclusivement.

J'étais bouleversée par l'intensité et la force des heures que ma fille m'avait permis de vivre pour qu'un nourrisson puisse naître.

Personnellement, j'avais été au cœur de la transmission (Laurence et moi y sommes tellement attachées !). J'ai vécu ces moments comme une grâce que le destin m'offrait, dans une vraie réconciliation avec la vie et dans un amour profond de mère… et de grand-mère ! Car j'étais pour la première fois grand-mère, et j'aimais déjà très fort cette petite Lola, avec laquelle j'ai une relation toute particulière, bien évidemment.

Laurence est essentielle à ma vie. J'adore tous mes petits-enfants : Lola, dont je viens de parler, mais aussi Sébastien, Manon et Sacha, sans lesquels je n'aurais pas tenu le coup ! J'en parlerai plus longuement dans le chapitre suivant, car le rôle de grand-mère en mérite bien un !

Ce quatuor de petits-enfants est composé des enfants de Julien et de ceux de Laurence.

Son frère, Julien

En fait, c'est au moment où Laurence a pris son indépendance que frère et sœur se sont rapprochés, comme si chacun d'eux avait besoin de son espace pour mieux s'aimer.

Ils ont fini par se retrouver à la faculté des sports et avaient pris l'habitude, ensemble, d'organiser des fêtes ou d'y participer. Chaque fois que l'un déménageait, l'autre était là pour l'aider. Laurence, un petit peu plus âgée, donnait des tuyaux à son frère pour des jobs d'été.

Au décès de Julien, même si frère et sœur ne se montraient pas fusionnels, Laurence, face à sa maladie, rencontra beaucoup de difficultés. Elle ne voulait pas admettre qu'il n'y avait pas ou plus de solution, et elle fut sidérée quand Julien s'éteignit. Ils avaient beau s'exaspérer tous les deux, et Julien avoir hâte que sa sœur prenne un appartement pour s'installer dans la chambre de bonne qu'elle allait occuper, ils s'aimaient. Ils n'ont pas représenté l'image idéale de la fratrie, mais ils s'aimaient ; et la vie se chargera de me montrer – et de leur montrer – que leur relation était drôlement solide. Autant autour de leurs sentiments que de leurs souvenirs partagés.

Avec eux deux, j'ai fait l'expérience du fait que la même éducation peut être perçue différemment. Oserais-je dire que j'ai eu une parentalité différente malgré moi ?... Fille et garçon ne construisent pas leur identité et n'abordent pas le monde de la même manière ; et, bien sûr, mes enfants avec moi n'ont pas eu un lien identique. Cependant, je ne peux pas parler d'une grande rivalité entre eux, même si Julien s'agaçait parfois de la trop forte personnalité de sa sœur aînée. De toute façon, entre eux, la compétition se faisait à la loyale ; et je n'aurais pas supporté le contraire.

Je me dois de noter une réalité qui n'est pas celle de tout le monde. Mes enfants ont vécu le handicap depuis leur naissance. Ils n'étaient pas eux-mêmes handicapés, mais nous, leurs parents, nous avions connu le handicap, et le milieu que nous fréquentions en comptait beaucoup. Aussi, leur regard sur le handicap était un regard commun, ne faisant aucune distinction entre valides et handicapés ; d'ailleurs, Laurence et Julien ont vécu quelques amours avec des handis. Du coup, dans quelque domaine que ce soit, ils n'ont jamais eu de pensées limitantes ; ce qui s'est ajouté à leur rayonnement et à l'orgueil de leur père et au mien.

Depuis le décès de Julien, Laurence ne veut pas que le lien se casse avec ses enfants. Elle tient absolument, pour les anniversaires, les fêtes et tous les autres prétextes à réunion, à ce que les cousins (ses enfants et ceux de Mélanie et de Julien) participent aux retrouvailles et joyeusetés ; et parfois, pour les plus grands, qu'ils partagent des souvenirs, même flous ou lointains. Nous savons, elle et moi, que plus tard ces moments-là seront une source de force vitale et de tendresse, et qu'ils feront partie de l'histoire de la famille.

J'ai toujours eu conscience, même jeune, que je ne serais jamais une mère parfaite, car ça n'existe pas. Une mère, c'est un être humain, avec ses doutes et ses fragilités ; elle fait de son mieux, et je faisais de mon mieux.

Avec Laurence, le lien a été et reste particulier, car elle est née, comme je l'ai déjà dit, quand j'avais 19 ans. Elle joua tous les rôles, jusqu'à ceux dont on dit qu'il vaut mieux les éviter : ma confidente, ma copine, mon coach. Elle le demeure, d'ailleurs ; c'est elle qui m'encourage à écrire ce livre.

J'avoue que ma fille force mon admiration, avec son tempérament pas toujours facile, sa puissance, ses prises de position, son efficacité et sa soif insatiable d'indépendance. Mais c'est une femme qui aime son mari, et une mère dont la priorité est ses enfants, justement.

Elle a réussi à conjuguer tous les ingrédients et à inventer une recette délicate pour vivre sa vie sereine et heureuse. Entière.

Merci

Pour être le reflet de cette réussite de vie, je l'en remercie. Pour le soleil qu'elle représente, pour le positif qu'elle a appris à aimer et qu'elle transmet, pour cet amour qu'elle donne toujours plus fort que la peur, je lui dis encore merci. Pour ce qu'elle est, le couple qu'elle forme, les enfants qu'elle a mis au monde, les larmes qu'elle m'a séchées, la force qu'elle m'a à nouveau injectée, je lui suis pleine de gratitude. *Merci* compte parmi les plus beaux mots qui soient.

J'ai déjà parlé de l'excellente relation que Laurence entretenait avec son père. Ils passaient ensemble des moments très affectueux. À sa mort, voici deux ans, elle a eu du chagrin, et ce fut à moi de la soutenir. Là encore, j'ai vécu comme une grâce, un moment précieux, de me mettre à son service et de l'aider le plus et le mieux possible.

31

Grand-mère : savoir transmettre

« Transmettre nos valeurs
à nos petits-enfants les fait grandir, pendant que
nous-mêmes nous continuons à grandir aussi. »

Mélanie et mon fils, Julien, formaient un couple heureux. Ils se sont unis en 2006, et Sébastien, leur aîné, est né le 23 mars 2008, la veille de l'anniversaire de Julien. Dans l'euphorie de la naissance, le 24 nous avons tous oublié de lui souhaiter son anniversaire. Je l'ai déjà raconté, mais il me plaît, pour mon fils et mes petits-enfants, de le souligner à nouveau.

Autant le dire tout de suite : Mélanie est une bonne mère, comme elle a été une très bonne épouse. Jeune, à même pas 30 ans, elle a dû assumer la maladie de mon fils, même si sa mère et moi étions à ses côtés. Il n'empêche… En 2015, elle s'est retrouvée veuve, avec deux petits et un deuil à faire pour tous les trois.

Sébastien

Un peu plus haut, j'ai écrit que Sébastien était le fils aîné de Mélanie et de Julien. Il a 15 ans maintenant. Il ne ressemble pas particulièrement à son père, mais je sens une sensibilité au fond de lui semblable à celle de mon fils, et il se montre volontiers affectueux. Nous avons vécu des moments de grâce, quand il a voulu faire de la natation. Il ne se débrouillait pas mal du tout, au point d'avoir été accepté au Cercle des nageurs, temple de la natation à Marseille. Il s'y entraînait deux fois par semaine, je l'accompagnais le samedi. Installée dans les gradins, je le regardais nager avec passion, et à la fin de la séance je lui faisais des commentaires sur sa technique de nage – ce qu'il acceptait très bien. C'était vraiment un moment privilégié pour moi dans ma vie, et dans ma vie de grand-mère.

Un jour, dans ma voiture, il me demanda de mettre une chanson de Stromae : *Papaoutai*. Julien venait de disparaître, Sébastien voulut écouter cette chanson en boucle ; et moi, sous le choc, j'aurais bien prié tout ce que l'on m'aurait demandé de prier pour prononcer les bons mots qui auraient suivi la chanson. Nous sommes descendus de la voiture en silence, j'ai serré très fort sa main, j'avais envie de lui dire que je l'aimais, qu'il pouvait compter sur moi. J'avais envie de m'écrouler.

Un autre jour, toujours en voiture, celle-ci formait une espèce de boîte intime où nous avons été amenés à parler. Seb me raconta l'épisode de la luge. Ils glissaient, avec Julien, quand ils ont chuté tous les deux et que son père est tombé sur la tête. « Tu sais, je me demande toujours si papa n'a pas commencé à avoir mal à la tête à partir de ce jour-là. »

À travers ces mots, il m'avouait son sentiment de culpabilité. Je l'ai rassuré bien entendu sur la question, mais cet instant a été très chargé d'émotions entre nous, et m'a en tout cas marquée.

Sébastien a fini par abandonner la natation pour le foot. Et, comme de nombreux adolescents de son âge, il « vit foot »...

Lola

Je serai plus brève pour parler de Lola, puisque je me suis beaucoup attardée sur ce qui nous était arrivé à toutes les deux. Depuis, Lola a grandi !

Aujourd'hui, elle est une adolescente épanouie, grande, belle et surtout forte. Même si elle n'a pas choisi la natation, elle a une pratique sportive régulière. Malgré un emploi du temps bien chargé au lycée, elle pratique avec un don certain le taekwondo et le hip-hop.

En termes de transmission, Lola est un beau mélange de ma mère, de sa propre mère et de moi. Coquette, elle aime les parfums, à l'image de Dolly, son arrière-grand-mère. Elle montre un tempérament fort, qui fait écho à celui de Laurence et à toutes les femmes de notre famille maternelle ; et, comme elles, elle cache sa sensibilité derrière sa volonté de ne jamais rien lâcher.

Sacha

Le petit Sacha est né en 2014, c'est une boule d'énergie. Il aime le sport et, en bon Marseillais qui se respecte, le foot est sa religion. Il vit foot, il mange foot, il s'habille foot – OM, bien évidemment. Et il fait partie d'un club ou, pour rien au monde, il ne raterait un entraînement. Durant toutes ses vacances, il fait des stages de… foot.

C'est le premier que j'entends râler sur mon absence. Il passe son temps à me dire : « Babou, tu n'es jamais là. »

Je crois savoir pourquoi j'adorais jouer au baby-foot avec lui quand il avait 5 ans : parce que je le battais à plate couture, sans pitié. L'esprit de la gagne ne me quittera donc jamais ? Sauf que, maintenant, il a 9 ans, et je ne marque plus un point !

Manon

Avec ma petite-fille Manon, qui, petite, ressemblait beaucoup à son père, la relation est plus délicate. Elle est née pendant la maladie de Julien et elle avait 2 ans quand il s'est éteint. Mélanie, sa mère, une femme de tête, a été une épouse parfaite ; pendant la maladie de Julien, elle ne l'a pas lâché d'un pouce. Aujourd'hui, elle vit avec un autre compagnon, avec lequel les enfants s'entendent bien, heureusement ! Il apporte un équilibre à cette cellule familiale qui en avait besoin. À ma retraite de présidente de Handisport, j'espère vraiment tresser des attaches profondes et tendres avec mon petit monde. Quant à Manon, qui n'a que 10 ans, c'est une petite fille épanouie, qui travaille bien à l'école et qui fait de la danse. On sent chez elle une vraie féminité.

La preuve que les enfants de Julien se sentent bien : ils travaillent très bien à l'école. D'ailleurs, Sébastien a un an d'avance ; ce qui m'a fait dire à Mélanie : « Oh ! avec de tels résultats, c'est sûr, il ne tient pas de mon côté ! » On a tous éclaté de rire.

32

Des signes aux insignes

C'est avec Manon et Sacha à mes côtés, mes deux petits-enfants les plus jeunes, que j'ai reçu la Légion d'honneur. Puisque ce sont eux, avec leurs petites mains, qui tenaient le coussin où elle était déposée, avant d'être accrochée au revers de ma veste. Les deux petits respiraient l'émotion, ça se voyait. Et, une fois que j'étais redescendue du podium, Sébastien m'a dit ces mots qui m'ont profondément touchée : « Babou, on est tous fiers de toi ! » (Tous mes petits-enfants m'appellent « Babou »...). Ça, ça valait bien toutes les décorations !

Cela dit, avant la Légion d'honneur, j'avais eu la médaille du Mérite en 2015. J'ai d'ailleurs une anecdote à ce sujet. Un matin, je reçois un e-mail me demandant de remplir un document nécessaire pour recevoir ma médaille de l'ordre national du Mérite. J'y prête à peine attention. Puis j'y reviens, et je m'aperçois que l'adresse n'était pas un « fake », mais provenait bien du gouvernement. J'appelle...

— Mais d'où provient cette demande de médaille ? demandai-je à la personne de la préfecture que j'avais au téléphone.

— Ça, me réplique-t-elle, je n'ai pas le droit de vous le dire. Remplissez les documents, renvoyez-les, et vous le saurez sans doute.

Quelques mois plus tard, je reçois des coups de fil et des e-mails de félicitations.

— Tu n'es pas au courant ?! s'exclame une amie.

— Non, je ne sais pas.

— Eh bien, regarde le *Journal officiel.* Ton nom figure dans la liste…

Julien parti, je n'ai pas eu le courage d'organiser une fête. Lorsque ma secrétaire générale a reçu la même distinction, deux ans plus tard, nous avons souhaité fêter ça ensemble, au siège de la Fédération. Ce fut un moment émouvant ; nous étions déjà très proches, cette cérémonie nous a reliés encore plus. Ce fut la ministre des Sports de l'époque, Roxana Maracinéanu, qui est venue au siège de la Fédération pour me remettre la distinction. J'étais très flattée. J'ai enfin su que c'était Marie-Arlette Carlotti, ex-ministre déléguée auprès du ministère de la Santé, chargée des personnes handicapées – et marseillaise, de surcroît –, qui avait fait cette demande.

Pour la Légion d'honneur, une nouvelle fois je l'ai appris incidemment par l'appel d'une connaissance, le 1er janvier 2022. Je croyais qu'elle m'appelait pour les vœux ; en fait, elle avait lu le *Journal officiel*, et je figurais à nouveau parmi les récipiendaires dans la catégorie « sports ». Là, je n'ai pas cru à une blague, parce que je me suis précipitée sur mon ordinateur pour lire le *Journal officiel*, et j'y figurais bien. J'ai beau dire…, j'étais satisfaite. Je me suis retournée une nouvelle fois vers la petite Guislaine, qui m'a souri…

J'ai organisé, cette fois, une fête que j'ai voulue dans mon environnement à Marseille. Il y avait ma fille, ma famille, mes proches, les amis de Julien, des collègues de l'Urssaf, le comité départemental olympique et sportif des Bouches-du-Rhône. M'entouraient ceux de Handisport – que ce soit au niveau local ou fédéral, puisque plusieurs personnes du siège sont venues. Sans oublier la présence d'amis d'autres horizons, et bien sûr la sénatrice Marie-Arlette Carlotti.

J'ai tenu à ce que ce soit mon professeur, aujourd'hui vice-doyen de la faculté des sciences du sport de Marseille, Pierre Dantin (un homme que j'admire, connu comme le loup banc et bourré d'humour), qui me décore.

Nous étions une centaine, et j'ai adoré cette soirée, pleine d'amitié et surtout d'humour ! Mais, cette fois encore, je ne suis pas certaine de connaître la personne qui a fait cette demande de Légion d'honneur pour moi. Dans le doute, j'ai remercié plein de gens.

Au milieu de toutes ces personnes, je ne perdais pas de l'œil mes petits-enfants. J'aimais par-dessus tout être là pour eux, dans ce rôle-là !

C'est vrai, parfois, pourquoi le cacher, voir les enfants de Julien me ramène à lui, et j'ai mal – comment pourrait-il en être autrement ? Julien ne cessera de me manquer.

Le soir de la remise de ma Légion d'honneur, je me suis dit qu'être grand-mère, c'est donner de l'amour, créer des liens, être un pivot fondamental dans l'histoire des petits-enfants. Leur transmettre nos valeurs qui les font grandir, pendant que nous-mêmes nous continuons à grandir jusqu'au bout. L'honneur se trouve là aussi…

33

Histoire des Jeux paralympiques[1]

Le Dr Ludwig Guttmann (1899-1980), neurologue allemand, tentait de trouver une solution pour que ses patients paraplégiques, vétérans de la Seconde Guerre mondiale, se rétablissent plus vite physiquement et mentalement. Il formula alors un vœu pieux : les réunir dans des épreuves sportives au moment même où les JO ont lieu ; l'esprit de la population étant excité par cet événement. Avec efficacité et courage, il arriva à rassembler seize vétérans en fauteuil qui s'affrontèrent au tir à l'arc et au netball, un dérivé du basket. Les Jeux paralympiques étaient nés.

Le Dr Guttmann avait tout compris des bienfaits du sport pour ces patients : ils retrouveraient ainsi la confiance en eux, leur dignité, et parviendraient à goûter des moments heureux.

Les Jeux paralympiques de 2024 l'honoreront, puisque la flamme sera allumée le 28 août à Stoke Mandeville (R-U), où le Dr Guttmann officiait. Elle rejoindra les côtes françaises par le tunnel sous la Manche, où les éclaireurs serviront de relais pour aller allumer en même temps d'autres flammes aux quatre coins

1. Informations sur : https//www.paris2024.org.fr/histoire-jeux-paralympiques/.

de la France. La vasque, quant à elle, sera allumée le 28 août lors de la cérémonie d'ouverture des Jeux paralympiques.

Des dates clés

En **1952**, on fête les premiers Jeux internationaux de Stoke Mandeville, et les Jeux se dérouleront désormais chaque année.

D'ailleurs, en **1954**, 14 nations seront engagées !

En **1960**, à Rome, on compte 23 nations et 400 athlètes, pour 8 disciplines : le para athlétisme, le basket fauteuil, la paranatation, le paratennis, le para tir à l'arc, le billard, le *dartchery* (mélange de tir à l'arc et de fléchettes) et l'escrime en fauteuil.

En **1972**, à Munich, pour la première fois, chefs de délégations et entraîneurs se réunissent pour discuter des règles en vigueur. Décision fut prise d'offrir à chaque discipline davantage d'autonomie, et d'ouvrir la voie aux futures classifications de handicaps par sport.

En **1976**, à Toronto, sur 1 657 athlètes, il y a 253 femmes. Et Arnie Bolt, tout juste 18 ans, amputée fémorale, frappe les esprits avec une performance de 1,86 m au saut en hauteur.

En **1980**, aux Pays-Bas, pour la première fois, 125 athlètes atteints d'une infirmité motrice cérébrale sont admis aux Jeux.

En **1984**, à New York, l'équipe de France gagne le prestigieux tournoi de basket en fauteuil.

En **1988**, à Séoul, une grande première : les JP se passent dans les mêmes endroits que les JO, avec 3 057 athlètes et 60 nations.

En **1992**, à Barcelone, on comptabilise 2 999 athlètes venus de 83 pays. Le tennis fauteuil fait son apparition, 279 records du monde battus.

En **1996**, à Atlanta, une première encore : 56 sportifs déficients intellectuels peuvent participer à des épreuves d'athlétisme et de natation. On arrive à 300 millions de téléspectateurs dans le monde !

En **2001**, un accord est signé entre l'IPC et le CIO, pour confirmer qu'à partir de 2008 les JP se dérouleront peu de temps après les JO, et que les athlètes utiliseront les mêmes installations, les mêmes sites sportifs et logeront dans le même village olympique (ce que Guislaine Westelynck raconte dans le chapitre « Mes médailles à Séoul ! »). Chaque future ville hôte se devra d'organiser les JO et les JP, en trois initiales : les JOP.

En **2008**, à Pékin, on note, comme à Athènes (l'hôte précédent), une médiatisation qui se confirme, avec 5 800 journalistes présents et, cette fois, 3,8 milliards de téléspectateurs au total.

En **2012**, à Londres, avec 4 237 athlètes, l'engouement du public et la médiatisation franchissent la barre du « jamais-vu ».

En **2016**, les Jeux se passent à Rio. Deux nouveaux sports intègrent le programme : le paracanoë et le paratriathlon. La Chine est la grande victorieuse.

En **2021**, à Tokyo, à cause du Covid-19, les Jeux ont été retardés d'une année. Il y régnait un air inhabituel et désappointant. Deux sports firent leur entrée : le parabadminton et le parataekwondo.

En **2024**, les JOP à Paris ont la volonté d'une société plus inclusive, et d'inscrire le sport dans le mental des handis. Suspense…

34

La puissance de l'or

« L'or valide non seulement une prestation,
mais renforce sa crédibilité. »

Il y a encore quelques mois, les JOP de Paris 2024 se confondaient dans un murmure, sauf pour les Parisiens, auxquels l'organisation des Jeux dans leur ville a totalement désorganisé la circulation, leur a demandé un effort financier pour refaire une beauté aux façades de leurs immeubles… Jusqu'aux étudiants priés de rendre leur chambre du CROUS pendant cette période, afin d'y loger quelqu'un d'autre… Tant et tant de changements, de transformations qui ont attisé et attisent encore bonne et mauvaise humeur. Cet hiver de 2003, en revanche, les JOP sont devenus palpables, le murmure s'est transformé en voix haute, en chant, en chœur d'allégresse, en attendant les clameurs estivales.

La fête

Les Jeux paralympiques (JP) fêteront leur 17e paralympiade pendant onze jours (du 28 août au 8 septembre), au cours de 549 épreuves. Paris célébrera ces 44 000 athlètes hors norme, venus de tous les coins de la planète.

Tous les sites seront identiques à ceux des JO, excepté ceux liés à la route.

184 Comités nationaux paralympiques auront agrégé leurs expertises pour 22 sports au total et 3 millions de spectateurs (je ne compte pas ceux via les multimédias) dans la plus belle ville du monde et ses environs, de Saint-Denis à Versailles, et d'autres lieux aménagés pour ces événements.

De nombreux rendez-vous culturels, des programmations artistiques, des performances multiples sont programmés pour offrir une fête populaire, unique, ludique, généreuse, multiculturelle et pacifique, comme le souhaitent Tony Estanguet, le président du Comité d'organisation de Paris 2024, Thierry Reboul, son directeur exécutif, et Thomas Joly, le directeur artistique des cérémonies d'ouverture et de clôture.

La cérémonie d'ouverture des JP aura lieu le 28 août (le 8 septembre pour la cérémonie de clôture), les athlètes défileront du rond-point des Champs-Élysées à la Concorde ; et dès le 29 les épreuves commenceront. Ces moments en points d'orgue vont compter, ils sont précieux, car ils marqueront cette volonté ferme d'inclusion du handicap dans la société, et particulièrement dans les sports. Des bonnets phrygiens seront les mascottes de ces Jeux, symbolisant la Révolution (sic), mais, cette fois, celle des regards sur ces 10 % de la population mondiale handicapée, et spécifiquement sur les disciplines sportives.

45 000 volontaires viendront soutenir toutes ces manifestations ; et ce, dans tous les secteurs, de l'accueil à l'accompagnement des athlètes, en passant par l'aide médicale, la circulation dans les lieux de passage, etc.

Il y aura de l'enthousiasme, de la force, de l'endurance, des exploits, de l'adrénaline, des émotions, des rires et des larmes.

Le dernier week-end des JP, les athlètes s'élanceront dans la Seine, et leur vigueur ressemblera alors à une promesse jusqu'ici mal tenue : rendre la Seine accessible aux nageurs.

Vice-présidente du Comité paralympique sportif français

Je suis heureuse de participer à tout cela, en qualité de présidente de la Fédération française handisport ; celle qui prépare, entraîne et accompagne 75 % de l'équipe de France. Je serai aux côtés, en ma qualité de vice-présidente, de la présidente du Comité paralympique sportif français (CPSF), Marie-Amélie Le Fur, ancienne athlète de haut niveau, qui porte haut les couleurs du parasport.

Nous espérons tous une pluie de médailles. En or, c'est mieux… En effet, ce sont les médailles d'or qui permettent le classement des nations, viennent ensuite l'argent et le bronze. Un pays peut récolter 20 médailles d'argent et 30 de bronze, il se classera, malgré ses 50 médailles, derrière un autre qui n'aura obtenu en tout et pour tout qu'une seule médaille d'or. C'est pour cette raison que je parle de « la puissance de l'or ». Me concernant, peu importe la couleur de la médaille, je sais tout le travail acharné, « dingue », que cela représente pour un sportif, et je n'oserai jamais faire « la fine bouche » si sa médaille n'est pas en or.

De plus, nous sommes le pays hôte de ces Jeux ; nous devons donc performer et démontrer que la France est un pays sportif. Il y va de notre crédibilité et surtout pour démontrer à tous les partenaires qui nous ont accompagnés qu'ils n'ont pas investi en vain.

Nous devons avancer, promouvoir des disciplines, innover, inventer, trouver et attirer les bonnes personnes. J'ai constaté trop de comportements curieux, trop de temps perdu dans des luttes de pouvoir qui n'ont pas lieu d'être.

Cap sur l'unité

Les Jeux paralympiques sont une occasion formidable d'oublier les ego, de nous dépasser, cadres, athlètes, bénévoles, salariés… La création et l'humanité de chacun d'entre nous se rejoignent, afin que l'esprit des Jeux se transmette et que rayonnent le sport en général, le paralympisme et notre équipe de France.

La cérémonie d'ouverture et la sécurité

On nous prépare une cérémonie grandiose. Pour la première fois depuis son histoire, cette célébration ne se tiendra pas à l'intérieur d'un stade – si important et moderne soit-il –, mais le long d'un fleuve, la Seine; ce qui représente 13 kilomètres à sécuriser.

Déjà, lors d'événements exceptionnels, la sécurité est à son comble. Avec le contexte international actuel, les forces de l'ordre seront mobilisées au maximum. La priorité est celle-ci: que le déroulement des Jeux soit une réussite! Ils le seront, j'y crois dur comme fer!

Pour y voir clair

Le rôle de la présidente du Comité paralympique sportif

Marie-Amélie Le Fur est présidente du CPSF, le pendant du Comité national olympique sportif français. Son rôle, ainsi que celui du Comité, est de gérer l'équipe de France, et d'assurer la coordination et l'accompagnement des fédérations ayant la délégation pour la pratique du parasport.

> *Qui choisit les disciplines pour les JP ?*
>
> C'est l'IPC (International Paralympic Comitee), comme le CIO pour les Jeux olympiques, qui décide des disciplines qui seront paralympiques ou non.

Pour une fédération comme la mienne, cela génère et montre un manque parfois, une délicatesse à gérer les choses, ou à les avoir mélangées. Un exemple : le foot fauteuil électrique. Nous sommes les champions du monde de cette discipline, qui est pourtant non reconnue par l'IPC ; ce qui, il y a peu, a entraîné beaucoup d'angoisses, et notamment les miennes.

Pour compétiter, l'équipe devait se rendre à Sydney. Nous étions dans l'embarras puisque sans trop de moyens financiers. De quelle manière régler les billets d'avion, le logement et tant d'autres choses ? Et comment penser une minute que nous pouvions, faute de financement, leur faire rater ces compétitions ? Après bien des débats et batailles, nous avons finalement trouvé de l'argent, et ils sont partis et revenus champions du monde pour la deuxième fois. J'estime dommage que certaines disciplines non paralympiques ne puissent être accompagnées comme d'autres. Est-ce normal ?

Qu'est-ce qu'un agrément ?

L'agrément est la condition sans laquelle on ne peut obtenir la délégation. L'article L131-14 du Code du sport énonce que « dans chaque discipline sportive et pour une durée déterminée, une seule fédération agréée reçoit délégation du ministre chargé des sports ».

L'agrément est un acte unilatéral de l'administration. Il est fixé par la loi et confère, selon les cas, certains avantages : label de qualité, octroi de subventions, capacité juridique, exonérations fiscales et/ou abattement de charges sociales, possibilité d'exercer certaines activités. Il constitue une relation privilégiée entre le ministère et une association. Il est indispensable pour prétendre à une aide financière éventuelle de l'État.

Qu'est-ce qu'une délégation ?

L'article L131-15 du Code du sport précise : « Les fédérations délégataires organisent les compétitions sportives à l'issue desquelles sont délivrés les titres internationaux, nationaux, régionaux ou départementaux ; et procèdent aux sélections correspondantes. »

Quel est le rôle du Comité par rapport à la Fédération pendant les JP ?

Le Comité paralympique sportif français pour les Jeux paralympiques fédère l'équipe de France, elle-même constituée de toutes les disciplines paralympiques. Par conséquent, il y a plusieurs fédérations qui préparent les sportifs – par exemple, la Fédération de tennis pour le tennis, pour ne citer qu'elle. La particularité du handisport est que nous gérons plusieurs disciplines paralympiques : 11 pour les Jeux paralympiques d'été comme la natation, l'athlétisme, le tennis de table, l'escrime, le basket fauteuil, le rugby fauteuil… Au moment des Jeux, les fédérations passent la main au CPSF, qui assure la composition, la sélection et la direction de l'équipe de France aux Jeux paralympiques.

Qu'est-ce que le COJOP ?

Le Comité d'organisation des Jeux olympiques et paralympiques (COJOP) se charge de l'organisation, de la livraison des infrastructures sportives, de la création du village olympique et paralympique, etc. Chaque fois qu'une ville est candidate pour organiser les Jeux, elle doit obligatoirement constituer un COJOP.

35

L'aventure continue demain

« Je me suis connectée à une dimension plus profonde, qui fait là la vraie différence... »

Dans l'épreuve, on se rencontre ; et je me suis rencontrée. J'ai voyagé dans le monde entier pour des compétitions, avec et vers les autres, et vers moi-même. Voyager vers soi est sans doute le voyage le plus intéressant.

Au travers de ces routes et de leurs détours, j'ai appris. Sur tout. Sur les humains et sur moi. Pour parvenir à cette conclusion : je suis heureuse quand je donne, je suis heureuse quand je partage, je suis heureuse quand je transmets.

Nous sommes tous plus heureux quand nous avons le cœur, l'esprit, les yeux ouverts. À partir de là, il n'y a plus de différence, mais de la bienveillance, de l'amitié, voire de la tendresse ou de l'amour.

Je ne veux pas tomber dans ces lectures plus ou moins mal digérées de livres sur le développement personnel que l'on voit envahir les étagères des librairies. Ce dont je parle dans cet ouvrage, c'est mon vécu, mon expérience personnelle – pas celle de tout le monde, j'en conviens –, dont j'ai aimé témoigner, et croire qu'elle servira aux autres. Sait-on jamais ?

En aucun cas nous ouvrir à l'autre avec ces différences ne nous oblige à nous effacer, à faire disparaître notre culture. Cela ne nous empêche pas de mener nos batailles, de trouver les mots et de montrer notre caractère. L'aide aux autres, la bienveillance ne possèdent pas de recettes toutes faites, et ne nous bourrent pas de règles à suivre dès potron-minet !

Je lis souvent qu'il nous faut prendre soin de notre enfant intérieur et de nos rêves d'enfant. J'ignore l'enfant intérieur que j'étais, et je n'ai pas eu de rêve d'enfant non plus.

Un jour, pourtant, mon rêve a pris la forme de l'eau, lorsque j'ai glissé sur elle ; quand, avec elle, je suis devenue poisson. J'ai reçu pas mal de ses éclaboussures, mais j'ai nagé avec l'eau et avec les vagues, jusqu'à rejoindre en même temps la rive où j'ai trouvé la vie et ses fondamentaux.

J'ai quelques idées pour DEMAIN…

J'ai deux passions : le handicap et le sport, surtout le handisport, dont je parle toutes les langues. J'ai aussi un vœu qui me sert de guide ou de bonne étoile, comme on voudra : j'éprouve le besoin impérieux de me mettre au service. Au service d'une cause. Et si cette cause était reliée à mes deux passions, inscrite dans une politique pour les autres, j'y trouverais de la joie et du sens. De la plénitude. Là se niche mon demain. Mon autre partie de vie.

Je ne crois pas avoir commis trop d'erreurs d'aiguillage, une fois avoir conscientisé que je naissais par et avec la natation. Très tôt, j'ai connu la souffrance – physique et psychique. J'étais malade, dépendante et loin de ma mère. Cependant, je me suis souvent posé la question : que serais-je devenue sans cette maladie ? Sans doute pas celle que je suis aujourd'hui, c'est une évidence. Ce chemin à travers la maladie, cette résilience à toutes les tempêtes de mon existence m'ont transformée ; j'ai dû changer de peau, d'âme sans doute, de corps volontiers (ce corps, le mien, qui n'est pas mon ennemi, loin de là !)...

Tous ces éléments ont fait de moi un être résistant, une résiliente qui va de l'avant ; et, sans vraiment m'en rendre compte ou si peu, je me suis connectée à une dimension plus profonde qui marque à cet endroit précis la vraie différence...

C'est inutile de penser à une autre vie, d'avoir des regrets et des remords, de s'en vouloir, de prendre des prétextes, la vie qui nous anime et que nous menons est la nôtre. Ni plus ni moins. Et moi, je crois que je peux être fière de la mienne.

À mon âge, j'ai rencontré de nombreuses personnes disloquées, déchirées, douloureuses dans tous les sens du terme. Chacune avait connu l'inévitable. À s'y noyer. J'ai connu ça moi aussi, quand je suis sortie de mon centre de rééducation fonctionnelle, quand mon ex-mari m'a quittée, et surtout au décès de mon fils. Et puis je suis remontée à la surface, en nageant peut-être à contre-courant, en serrant les dents, disons – pour n'employer qu'un mot – en me dépassant, mais je suis remontée à la surface de l'eau pour m'engager dans la Fédération française handisport. Je voudrais donner à tous les handicapés de l'existence, quel que soit leur état, la force d'avancer.

Notre pouvoir de guérison

La guérison vient de nous-mêmes en grande partie : de notre volonté de réagir, de nous en sortir, de trouver des repères, des projets et des passions, d'aimer nos proches, et enfin de nous ouvrir aux autres.

La nage et la rage de la gagne m'ont sérieusement aidée. Quand j'ai commencé la natation, je n'avais pas du tout conscience de mes forces. Bien plus tard, j'ai découvert d'autres forces intérieures, dont l'acceptation fait partie.

J'ai accepté la maladie, je n'ai pas lutté contre elle mais avec elle. Je n'ai pas éprouvé un sentiment d'injustice, sans doute parce qu'au Centre de rééducation fonctionnelle Pomponiana ma nouvelle famille était pareille à moi, parce que j'y ai trouvé des valeurs de fraternité qui m'ont construite. À travers l'éducation que m'avait donnée ma mère, j'ai aussi accepté les « sans pourquoi », les absences de réponse, et j'ai laissé, sans le savoir, la place à un certain mystère de la vie.

C'est ma fille, Laurence, qui m'a décidée à écrire un livre, avec la collaboration de Roselyne Madelénat. « Te rends-tu compte, m'a-t-elle dit, quel souvenir tu vas laisser à tes petits-enfants ? » Si je ne peux guère résister à Laurence, je pouvais encore moins résister à cet argument !

Je ne connaissais pas cette journaliste et auteure ; ce qui, à mes yeux, représentait un plus, en premier, celui de la distance. Elle m'a permis de faire le point, de sortir de moi ce que j'avais eu tendance à enfouir. J'ai perçu combien la vie m'avait initiée pour accueillir cet accomplissement de moi-même et comprendre que, si j'avais décroché des médailles en or, argent ou bronze, celle qui allait étinceler tout au-dessus des autres était celle du cœur.

Quand j'écoute mon cœur, je me libère, je me mets à l'écoute de tous mes sens et des autres, et je peux enfin donner ce que je peux donner avec authenticité, profiter et faire profiter de cette force vive qui est ma signature.

Si je devais écrire une maxime me concernant, ce serait celle-ci : « Guislaine a fait ce qu'elle a pu, mais elle a surtout aimé et partagé. »

ANNEXES

Mes idées pour le développement du sport chez les paralympiques

« L'inclusion ne se décrète pas, elle se construit. »

INTERVIEW DE GUISLAINE WESTELYNCK par Roselyne Madelénat

Quelles sont vos grandes idées pour développer le sport chez les personnes en situation de handicap ?

En fait, ce ne sont pas « mes » grandes idées, mais j'adhère complètement aux actions que Handisport a mises en place.

Il est important de *sensibiliser le grand public au parasport* et de promouvoir une culture inclusive, quand cela est possible (j'expliquerai pourquoi plus loin). Cela peut être réalisé par le biais d'opérations de sensibilisation dans les entreprises, dans les écoles, collèges, lycées, des campagnes publicitaires pendant des événements parasportifs médiatisés, et aussi lors de la participation des athlètes handisport à des programmes télévisés et médiatiques.

Nous intervenons auprès des collectivités locales pour l'aménagement des infrastructures et équipements sportifs qui doivent tous être *accessibles* aux personnes en situation de handicap.

Nous développons notre service *formation*, parce qu'il est important que la Fédération handisport – qui se revendique comme experte dans le handisport – intervienne dans la formation des entraîneurs et des officiels compétents dans le domaine du sport.

Ces professionnels doivent être capables de travailler avec des athlètes en situation de handicap, d'écouter et de comprendre les besoins spécifiques de chaque individu. Cette formation doit également inclure la sensibilisation aux différents types de handicaps et aux adaptations nécessaires pour chaque sport.

Il nous appartient également de faire du recrutement, ou du moins de permettre aux personnes en situation de handicap de pratiquer une activité physique ou sportive de leur choix. Pour cela, et je reviens aux débuts de mon livre, le rôle des « pros » chez Handisport consistant à *repérer, conseiller et développer les talents sportifs dès le plus jeune âge est essentiel.* Cela peut être concrétisé par le biais de programmes de détection de talents, et de compétitions spéciales pour les jeunes athlètes en situation de handicap. Nous organisons des stages de jeunes à potentiel. Ces stages se déroulent sur une semaine, à Bourges, et regroupent, au niveau national, les jeunes doués ayant été détectés dans leur région. Ces stages proposent la découverte ou la pratique de plusieurs sports, et cela permet à ces nouveaux athlètes de confirmer leurs choix ou de s'orienter vers d'autres disciplines.

De même, le rôle de notre fédération est de développer la pratique physique et/ou sportive pour les personnes en situation de handicap, et pas forcément pour faire de la compétition.

Nous proposons aussi du sport loisir, du sport santé, tout en tenant compte de la singularité de nos pratiquants.

Néanmoins, quand ces jeunes, ces adultes et ces personnes plus âgées ne s'adonnant pas à une activité sportive, se rendront compte que le sport est excellent pour leur santé, que c'est un bon médicament naturel et même préventif pour leur vie physique et psychique, nous avancerons à grands pas.

Mais, pour toutes ces actions, il faut de l'argent. Comment faites-vous ?

En effet, il y a un incontournable : trouver des financements. Le développement du handisport nécessite des ressources financières adéquates. Recueillir des sources de financement durables pour soutenir tous nos programmes de développement est primordial. Nous comptons sur les subventions gouvernementales, mais aussi sur des partenariats avec des entreprises. Et j'avoue que, jusqu'à maintenant, nous en avons de bons et généreux, de la part d'entreprises touchées par le handicap et le parasport, en même temps qu'elles sont conscientes de travailler leur image à travers de telles actions.

Allons-nous vers une société plus inclusive ?

L'inclusion sociale, on l'évoque beaucoup ces derniers mois – elle résonne partout. Le parasport peut jouer un rôle important dans l'inclusion sociale des personnes en situation de handicap. D'où l'exigence de promouvoir l'intégration des athlètes en situation de handicap dans la société en général, en facilitant leur participation à des événements sportifs quels qu'ils soient.

Quant à l'intégration des « handis », pour l'instant cela reste un peu compliqué parce que, si pour les personnes atteintes d'un handicap léger le problème ne se pose pas, pour des handicaps lourds l'intégration dans un milieu sportif valide reste encore difficile. Un grand besoin de formation s'impose. À Handisport, nous avons l'habitude de dire que *l'inclusion ne se décrète pas, elle se construit.*

Des échanges existent-ils entre sportifs valides et sportifs handicapés ?

Oui. Comme je le disais plus haut, certains de nos sportifs s'entraînent dans des clubs valides. Ils participent parfois aux mêmes compétitions, mais c'est rare.

Les para athlètes et les autres sportifs peuvent s'entraîner dans les mêmes installations sportives, surtout lorsqu'il s'agit d'équipements de haut niveau et de centres de formation comme les CREPS ou l'INSEP. Cela facilite des rencontres et des échanges entre eux, comme le partage de ressources et de connaissances en matière d'entraînement, de préparation physique, de stratégies de performance et de récupération. Ça leur permet de se consulter mutuellement pour obtenir des conseils et des astuces, afin d'améliorer leurs performances. Et cela leur procure le sentiment d'appartenir au groupe du sport, car ils souffrent souvent de différenciations ou d'exclusion.

Comment favoriser la sensibilisation aux sports inclusifs ?

Les para athlètes sont susceptibles de jouer un rôle important dans la promotion des sports inclusifs, et d'y sensibiliser les autres sportifs.

Il est évident aussi que les contacts et les interactions entre tous ces sportifs varient en fonction des sports et des contextes spécifiques. Certaines disciplines sportives offrent également plus de possibilités de contacts que d'autres.

Quels sont vos conseils – petits et grands – pour donner l'envie du sport ?

En soulignant les bienfaits du sport – tant sur le plan physique que mental –, dans la mesure où le sport améliore la condition physique, la coordination et favorise la santé générale, de façon holistique, dirons-nous. De même, la pratique sportive aide à l'autonomisation de la personne en situation de handicap. D'ailleurs, nos valeurs à Handisport sont fondamentales et simples à la fois :

- Singularité : il est important de prendre en compte les particularités du pratiquant.
- Accomplissement : oui, l'accomplissement par le sport permet d'améliorer l'estime de soi et de mieux appréhender sa place dans la société ; ce qui n'est pas toujours évident, après un accident, une maladie, ou même le handicap de naissance.
- Autonomie : la pratique du sport, dans le parcours de vie d'une personne en situation de handicap, développe ses capacités physiques et accroît son indépendance.

Le sport peut aider à surmonter certains défis liés au handicap, que l'on n'imagine pas quand on est valide, comme renforcer les muscles nécessaires pour marcher avec une prothèse, ou bien apprendre à se transférer d'un fauteuil à un autre, ou au bord d'une piscine, etc.

Le sport offre une opportunité de sortir parfois de son isolement, de rencontrer de nouvelles personnes, de créer des amitiés et de faire partie d'une communauté ; et d'avoir toujours bon moral !

Il existe une grande diversité de sports et d'activités adaptés aux personnes en situation de handicap. Différentes disciplines sont accessibles, en fonction des capacités de chaque individu ; en un mot, il y a le choix ! Le sport est une source de plaisir et de divertissement, et pas spécifiquement dans un but de compétition, loin de là. Dire cela brise un tabou : non, le sport n'est pas réservé qu'à une certaine élite ou à des personnes particulièrement douées. À la Fédération, nous avons cette mission : encourager les individus en situation de handicap à explorer différentes activités sportives, et trouver celle qui leur apporte du bonheur et du plaisir.

De même, de nos jours, il n'est pas rare qu'après une carrière sportive bien remplie certains parasportifs, comme les valides, se dirigent vers des vies professionnelles voire médiatiques extrêmement épanouissantes.

Aussi, nous amenons les personnes dans cette situation à réfléchir à leurs propres motivations intérieures pour pratiquer un sport. Nous leur demandons ce qu'elles aimeraient accomplir en pratiquant une activité physique, quels objectifs personnels elles souhaiteraient atteindre, et selon elles comment cela pourrait enrichir leur vie. Ce questionnement, autant pour elles que pour nous, est primordial, car nous allons encore cette fois être coacteurs.

Que faire pour développer la performance et éviter la contre-performance ?

De plus en plus, la Fédération handisport, grâce aux aides de l'État, s'étoffe en professionnels de santé, en techniciens, en entraîneurs qualifiés, en nutritionnistes, en préparateurs mentaux.

Aux coachs et à l'entourage de fixer des objectifs clairs. Les sportifs eux-mêmes doivent s'en fixer, réalistes et spécifiques, tant à court terme qu'à long terme ; ce qui leur permettra de rester motivés et concentrés sur leurs performances.

Un entraînement régulier doit être suivi et s'avère essentiel pour améliorer la performance sportive et éviter la contre-performance.

Travailler avec des professionnels est donc fondamental. Les sportifs paralympiques peuvent bénéficier de préparateurs physiques, et surtout de préparateurs mentaux. La concentration mentale est cruciale pour la performance sportive ; la gestion du stress est un atout majeur par exemple, un facteur important de la performance. Lorsque j'étais entraîneure de l'équipe de France de paranatation, nous avons eu à gérer, lors des Jeux paralympiques, notamment à Sydney, le stress engendré par la présence d'un public nombreux et enthousiaste. Nous n'avions pas l'habitude de tant d'engouement. C'est du vécu, ça !

La mentalité positive se révèle être un facteur clé pour maintenir la motivation et éviter la contre-performance. Pour les sportifs, rester concentrés sur leurs réalisations et prendre note de leurs progrès, même les plus petits, doit être une règle. C'est une pro qui affirme ça…

Lors des championnats et pour la préparation des JP, les parasportifs bénéficient-ils d'un suivi médical particulier ?

Les sportifs handisport bénéficient généralement d'un suivi médical important, comme pour les sportifs valides ; cela, pour assurer leur santé et leurs performances lors des championnats et lors de la préparation des Jeux paralympiques. Le ministère des Sports a mis en place, pour les sportifs de haut niveau, un protocole nommé « Surveillance médicale réglementaire ». Elle consiste en un bilan annuel qui comprend divers examens.

Ces types de suivi médical sont généralement coordonnés par une équipe médicale multidisciplinaire, comprenant des médecins, des physiothérapeutes, des nutritionnistes, des psychologues et d'autres professionnels de la santé.

Quand vous avez participé, en tant que compétitrice, aux JP de Séoul, avez-vous eu un suivi médical particulier ?

Non, hélas ! Lorsque je nageais, la Fédération n'avait pas encore atteint ce niveau de professionnalisation. Nous bénéficiions tout de même des équipes de kinésithérapeutes et de médecins qui étaient présents aux Jeux, mais pas pendant les autres championnats.

Au fait, quel regard portez-vous sur les valides ?

Je pars du principe que nous sommes des sportifs à part entière, et non entièrement à part. Partant de là, je considère que les sportifs valides ne sont pas différents de nous. Nous sommes habités par la même détermination, la même volonté, le même courage (pas plus, pas moins). Nous avons comme ambition de nous dépasser, et surtout de gagner. Peu importe le fait que nous courions ou nagions moins vite, que nous sautions moins haut. Le sport est une grande famille, avec tout ce qui fait famille… Et nous en faisons partie. Et nombre de valeurs y sont respectées, généralement. C'est un sacré atout !

Les JO en quelques dates

« Je proclame l'ouverture des premiers
Jeux olympiques internationaux d'Athènes. »

GEORGES Ier DE GRÈCE

Nous sommes le **6 avril 1896.** Il fait une chaleur torride. Et le roi Georges Ier de Grèce vient de s'exprimer, solennel, devant une foule qui lui est acquise. Quelques grands de ce monde sont installés dans la tribune officielle. Et, si nous observons bien une photo de l'époque, un homme, dans l'ombre, affiche un large sourire : c'est le baron Pierre de Coubertin, sans qui cet événement n'aurait jamais eu lieu. Le roi le fait venir à ses côtés : tonnerre d'applaudissements, c'est le triomphe et la joie d'y être enfin arrivés !

À 23 ans, en 1886, Pierre de Coubertin avait déjà l'ambition de faire revivre les premiers Jeux d'Athènes. Il lui faudra dix ans de combats, de déceptions, de ténacité, d'enthousiasme pour organiser ces Jeux du XIXe siècle. Avec une volonté sans faille, sans l'ombre d'un renoncement ou d'une résignation – d'ailleurs, le mot *échec* ne fait pas partie de son vocabulaire –, le jeune homme se démène, pris dans le mouvement de sa passion.

Ce 6 avril 1896, il a bien mérité sa joie.

Dès **1892**, Pierre de Coubertin introduit le sport d'équipe. Et cette même année voit le premier Championnat de France de rugby remporté par le Racing.

Les JO de 1900 à Paris

Les difficultés pour organiser les JO à Paris seront multiples. Notamment, convaincre les autorités que les compétitions peuvent avoir lieu en parallèle de l'Exposition universelle. Il n'est pas pris très au sérieux. La preuve : on nommait les sportifs de l'époque « amateurs »… Les lieux étaient éparpillés dans Paris et sa petite couronne : aux Tuileries pour l'escrime, à Vincennes pour la gymnastique, avenue de Breteuil pour les sports équestres, au vélodrome du Parc des Princes pour le cyclisme, à Asnières pour la natation, dans l'île de Puteaux pour le tennis, à Meulan (aujourd'hui, Meulan-en-Yvelines) pour la voile.

L'Exposition universelle est inaugurée le 14 avril 1900 par le nouveau président de la République, Émile Loubet. C'est un franc succès. On estime le nombre de visiteurs à 50 millions.

Pour les JO de Paris, qui ont débuté le 5 mai, Pierre de Coubertin devra se contenter de 2000 à 3000 personnes par jour ; et pourtant l'entrée est gratuite ! La presse ne s'y intéresse pas du tout. Déception.

Pourtant, quelque chose se passe du côté des Américains, notamment avec Ray Ewry, surnommé « l'homme-caoutchouc », l'athlète préféré des Français. Paralysé depuis son enfance à cause de la poliomyélite, il dut attendre ses 17 ans pour marcher, puis courir. Quand il arrive à Paris, à 27 ans, il est déjà 15 fois champion des États-Unis pour diverses disciplines, surtout le saut sans élan. Il totalisera 8 victoires en 3 Jeux olympiques.

Côté français, nous n'y sommes pas. Dans *L'Aventure des Jeux olympiques*[1], l'auteur, Guy Benamou, écrit : « Certains compétiteurs ne savent pas qu'ils participent aux JO : on croit rêver ! »

Les JO de 1900 à Paris sont un échec total. Certains prévoient même leur disparition. Ce n'est pas connaître Pierre de Coubertin et sa force de caractère et de conviction.

Les femmes aux Jeux ?

Il n'avait pas non plus toutes les qualités, Pierre de Coubertin, et il se montrait assez misogyne. Les femmes aux Jeux ? Quelle drôle d'idée, selon lui.

De toute façon, elles n'intéressent pas beaucoup de monde. Malgré tout, elles reçoivent l'appui d'Émile Zola. Il faudra attendre **2007** pour que la charte olympique rende obligatoire la présence des femmes dans tout sport. En 1912, elles étaient 2 %. Aux derniers JO de Tokyo, elles représentaient 48,6 % des athlètes.

Un soleil qui ne brille plus

De nombreux événements se dérouleront, dont ceux à marquer d'une croix sombre, comme les Jeux de **1936** organisés en Allemagne, pays en pleine montée de l'hitlérisme, qui n'avait pas prévu les victoires de Jesse Owens (4 médailles

1. Guy Bénamou, *L'Aventure des Jeux olympiques*, Jacob Duvernet, 2011.

d'or), petit-fils d'esclaves noirs (loin du type aryen), et à qui Hitler avait refusé de serrer la main.

Après la Seconde Guerre mondiale, il faudra attendre **1948** pour que les JO reprennent. Et c'est à Londres que ça se passe.

En **1972**, pour la première fois depuis la fin de la guerre, les Jeux ont lieu de nouveau en Allemagne, à Munich cette fois. Un commando de Septembre noir s'introduit dans les chambres des athlètes israéliens, faisant des tués, des blessés et des otages.

Ensuite, outre quelques scandales, les Jeux se dérouleront « normalement », jusqu'en **2020** où la pandémie du Covid-19 obligera à les retarder d'une année.

Paris 2024 : une impatience

2024. Tout le monde attend beaucoup de ces Jeux à Paris. Plusieurs messages forts seront lancés pour que, lors des compétitions, sur les marches des podiums, l'esprit d'engagement, de victoire, de solidarité et de fraternité des Jeux soit respecté.

Pour contacter Guislaine Westelynck :
guislainewest@wanadoo.fr

Pour contacter Roselyne Madelénat :
rose.madelenat@gmail.com

Conception graphique et mise en pages : Soft Office

Achevé d'imprimer en juillet 2024
sur les presses de la Nouvelle Imprimerie Laballery
58500 Clamecy
Dépôt légal : juillet 2024
N° d'impression : 407048

Imprimé en France